首 腰 つちふまず

「美の三大アーチ」を整えれば ずっとキレイでいられる！

ホリスティックビューティインターナショナル 編著
全国健康生活普及会 監修

集英社

こんな不調やお悩みは「美の三大アーチ」の崩れが原因だった!?

化粧品でケアしても、肌の調子がよくない、一年中、身体の冷えやむくみが気になるなど、思い当たることはありませんか?

これらはもしかして、「美の三大アーチ」の崩れが原因の一つかもしれません!

冷え症やむくみが気になる

体温が低い、水分を摂りすぎているわけではないのに、脚や顔がむくんでいる。

歩くと疲れやすい

ちょっと歩いただけで脚が疲れたり、腰が痛くなったり。歩いているといつのまにかスカートが回ってズレていることも。

バストが下がってきた

バストの位置が下がってきたし、全身のプロポーションの崩れも気になりはじめて……。

シミやシワが気になる

最近、シミが増えてきたし、ほうれい線や首のシワも目立つようになってきた。

下腹が出ている

おなかがぽっこり……。すごく太っているわけではないのに、下腹が気になる。

O脚ぎみ

スカートをはくのが恥ずかしいくらいO脚に。いったいいつからO脚になったの？

肌の調子がよくない

季節や気候と関係なく、肌の乾燥や吹き出物に悩まされている。

顔のたるみが気になる

前より肌のハリがなくなって、顎のたるみやほうれい線のマリオネットラインも気になる。

脚が太い

太ももとヒップラインの境が曖昧。ふくらはぎもむくんで、足首が太いのも気になって。

「美の三大アーチ」って いったい何？

前のページでいくつか思い当たる不調はありましたか？　実はこれらの不調には「美の三大アーチ」というものが大きく関わっているのです。

「美の三大アーチ」とは、人間の身体の、首・腰・つちふまずの3箇所にそれぞれ存在するアーチ（弯曲）のこと。実は人間の背骨は横から見ると、首の骨7個が前に弯曲、背中の骨12個が後ろに弯曲、腰の骨5個が前に弯曲しているため、緩やかなS字カーブを描いています。これは「生理的弯曲」と呼ばれ、もっとも自然な状態です。人間はこの状態が保たれることで「美の三大アーチ」（首のアーチ、腰のアーチ、つちふまずのアーチ）が整い、美しい姿勢を保つことができるのです。

そもそも人間の身体は、前後、上下、左右、内外の筋肉がお互いに拮抗的（力がほぼ等しく互いに優劣のない状態）に働き合って、初めて姿勢の維持ができなる交感神経と、安静時や夜に活発になる副交感神経とがあり、この二つの神経のバランスが損なわれることを「神経の乱れ」といいます。肌のトラブルで例を挙げてみましょう。例えば、交感神経が優位に傾きすぎると、消化器系の働きが悪くなって下痢や便秘を繰り返してしまうなど、そのバランスが崩れてしまいます。結果、吹き出物やニキビができたり、肌のくすみを引き起こしてしまうことも。このように、「美の三大アーチ」の崩れは肌や身体の調子と密接な関係があるのです。

「美の三大アーチ」を整えて真の健康美を目指しましょう

「美の三大アーチ」の重要性に着目し、骨格からしっかりと整えて、美肌やダイエットにも直接アプローチする方法やケアを作り出したのが「美容カイロエステティック」です。美容カイロエステティックとは、カイロプラクティックを美容的に姿勢美を創るために構築した新しいテクニックのことで「美容カイロ」の通称で信頼を集めています。カイロプラクティックは、身体の自己修正能力で治せなくなってしまった骨格のゆがみを外から力を加えて矯正する施術。１８９５年にダニエル・Ｄ・パーマーによって開発され、アメリカでは国家資格が必要な医療行為として認められていますが、日本では民間療法の一種です。このカイロプラクティックで骨盤・骨格・筋肉を整え、そこに皮膚のケアや痩身ケアを行うエステティックを融合させることによって、美ボディや美肌のためのケアをするのが、美容カイロエステティック（美容カイロ）なのです。

「美の三大アーチ」を整えることは美容カイロの施術の基盤となっています。本書では、この美容カイロを作り出した「ホリスティックビューティインターナショナル」の方法や、セルフケアでも取り入れやすいアーチの調整方法、トリートメントの仕方を紹介しています。

　真の健康美は骨格の調整だけでも肌ケアだけでも手に入りません。この二つを融合し、さらにケアされることで得られる心の癒しが不可欠で、この三つの要素が揃ってこそ、健やかな身体と心になれるのです。本書を参考に自分の身体のゆがみをチェックし、骨格を整えながら身体や肌のケアをして、美ボディ、美肌を目指しましょう。

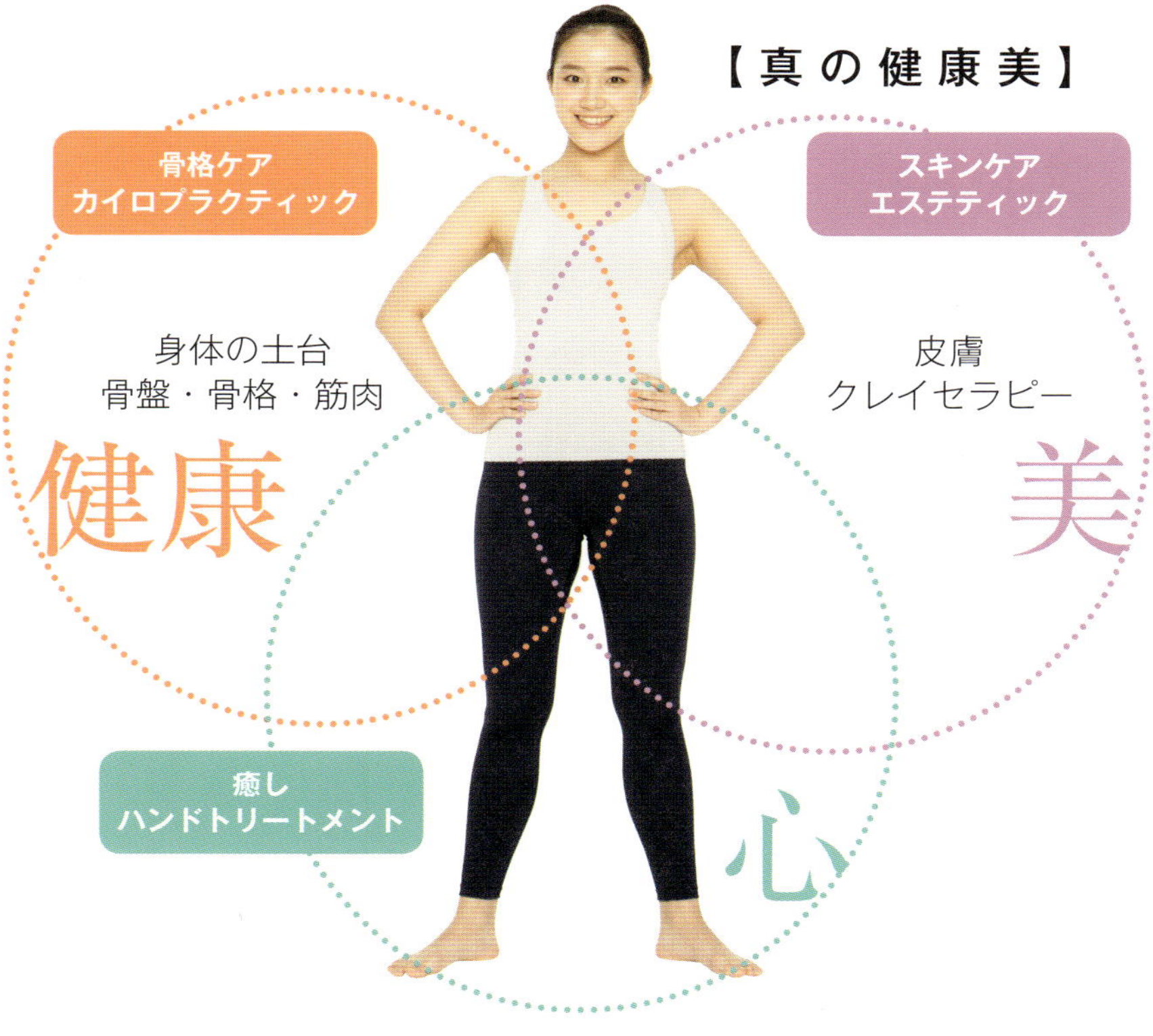

CONTENTS

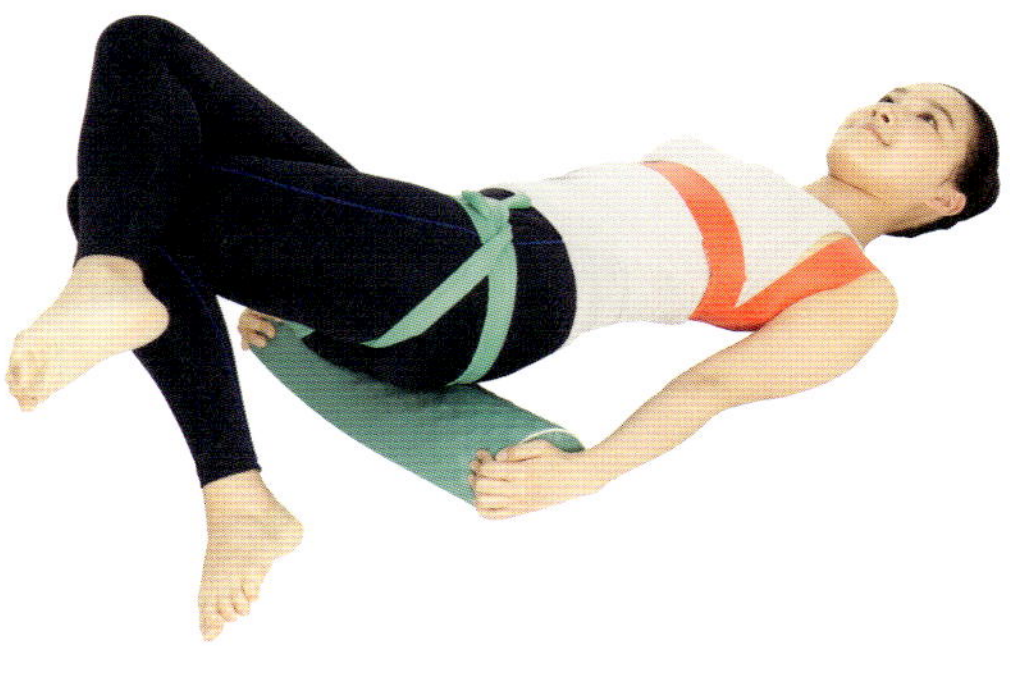

PART 3

PART 4

PART 1

すべての不調は「アーチの崩れ」が原因だった

骨格がゆがんでしまうと身体や肌にどんな影響があるの？

身体の土台である骨盤がゆがむと、体調や皮膚の状態に影響を及ぼしますが、何といっても一番に影響を受けるのは姿勢です。それによりむくみや冷え、セルライトの増加、身体がだるくなったり重くなったり、さらには肥満、肌の吹き出物やくすみなどが症状として現れてしまいます。また、美しい姿勢が崩れると老けて見える原因にも。若く見えるかそうでないかを、人は姿勢で判断することが多いのです。姿勢が崩れると背中に肉がついたり、肩が前に出ることで二の腕が太くなりますし、それだけではなく、お尻が垂れたり、顔が前に傾くことにより首のシワ、マリオネットラインが目立つようにも。また、内臓下垂になって、ぽっこりおなかやお尻に脂肪がついた洋ナシ体型になり、ひいては肥満、セルライト、むくみにも繋がってしまうのです。

◆骨格のゆがみと美容の関係

骨格が
ゆがんでいる状態

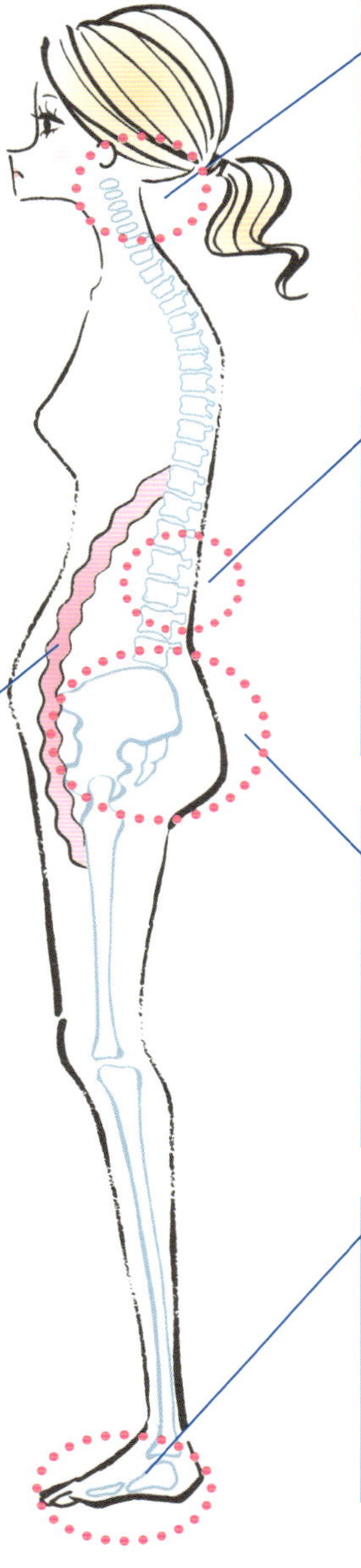

【首のアーチ】

首のアーチが崩れると、倒れないように頭でバランスをとろうとして、頭部が前に出てマリオネットラインを助長します。

✷身体への影響

シワ、シミ、ニキビ、たるみ、二重あご、くま、ほうれい線、むくみなど。

【腰のアーチ】

腰のアーチが崩れると、うまく体重が支えられなくなります。椅子に座ってもすぐ腰が丸まったり、姿勢が悪く、猫背の原因にもなります。

✷身体への影響

ぎっくり腰、腰痛、猫背、太ももや脚のしびれなど。

【大腰筋】

胴体と足を結ぶ筋肉。

【骨盤】

背骨全体の骨格のゆがみを生じさせる最大の原因が骨盤の前傾・後傾。背骨のカーブを消滅させ、トラブルを発生させます。

✷身体への影響

肥満、下半身太り、むくみ、冷え症、O脚、X脚など。

【つちふまずのアーチ】

つちふまずのアーチが崩れるとよい姿勢が保てなくなり、骨盤に負担がかかり、さらに腰や首のアーチも崩れてしまいます。

✷身体への影響

むくみ、脚が太くなる、O脚、肌あれなど。

なぜ骨格や身体はゆがんでしまうの？

骨格のゆがみが身体や肌に大きな影響を与えることはわかっていただけたかと思いますが、では、そもそもなぜ骨格はゆがんでしまうのでしょうか？　実は人は日常生活の中の何気ないクセで、自分でも気づかないうちに骨格をゆがめているのです。例えば、通勤電車の中で片足に体重をかけて立っていることはありませんか？　どちらかの足に体重をかけていると骨盤がゆがんでしまいます。いつも同じ側の手でかばんを持つのも同様です。片方の手でばかり重いものを持つことで筋力のバランスが崩れ、歩くときのバランスも悪くなって、骨盤がゆがんでくるのです。また、みなさんがよく使うスマートフォン。手元を見るために、ずっと下を向いていることによって、首のアーチが崩れ、ストレートネックや猫背の原因にもなってしまいます。

さらに、日常生活の動作やクセ以外でも骨格がゆがむ原因があります。例えば、間違ったダイエットによる筋力の衰え、運動不足や老化による筋力の低下です。こうした腹筋や背筋、または骨盤を支えている筋力の低下やバランスの崩れによっても、骨格にゆがみが生じることがあるのです。

特に女性は、妊娠してから出産までの間にゆっくりと骨盤が開いていき、出産後10日間くらいで閉じていきますが、この時期にしっかりケアしていないと骨盤がゆがんだ状態で固定されてしまい、女性ホルモンの分泌に影響し、体型の崩れや肌あれの原因になってしまうことがあります。

このように人間は、生活習慣による立ち方や何気ない行動などが原因で骨格がゆがんでしまうのを、避けられないのです。

骨格のゆがみに繋がる、何気ないポーズや習慣

何気ない行動が骨格のゆがみに
繋がっていることも…。
あなたはこんなポーズや
生活習慣に覚えはありませんか？

片足に重心をおいて立つ

通勤電車や信号待ちなど、ついどちらかの足に重心をかけて立っていませんか？　重心が偏ると、自然と骨盤がゆがんでしまうことに。

柔らかいベッドやソファでくつろぐ

柔らかいベッドやソファで長時間くつろぐと、常にお尻が沈み込んだ状態になり、背骨のカーブがなくなってしまいます。

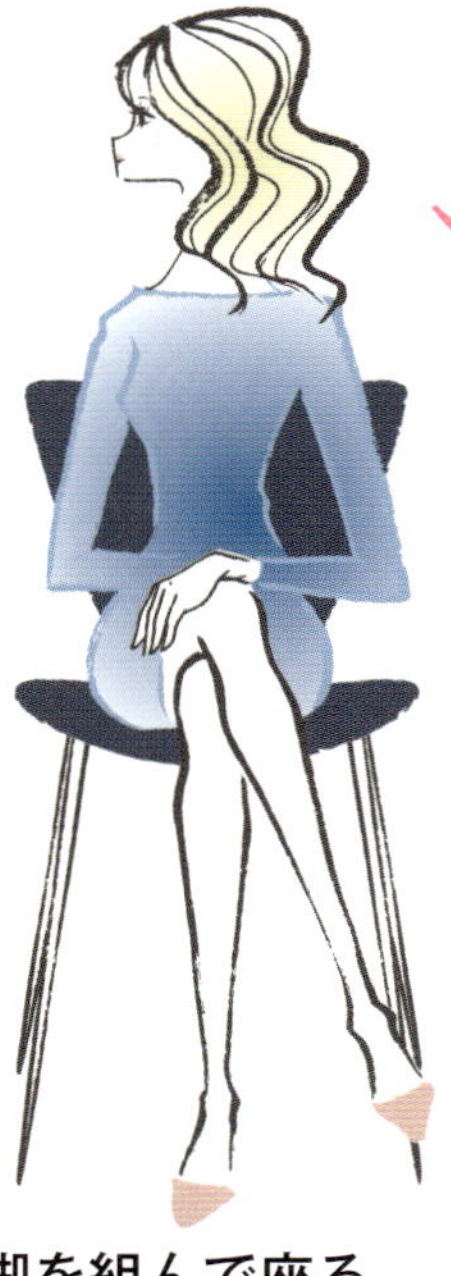

脚を組んで座る

無意識にやってしまう人が多い脚を組むポーズ。楽な格好でもありますが、やはり重心が偏り、骨盤がゆがんでしまう原因に。

肘つきや肘まくらをよくする

このポーズも片足に重心をおくのと同様に、どちらかに重心が偏ってしまいます。肘まくらで足を交差して寝転ぶのもNGです。

腰が丸まった状態で長時間座る

オフィスでパソコン作業などをする人によく見られる姿勢。腰が丸まった状態で背骨の前弯がなくなり、猫背の状態に。

スマホを見る

手元のスマートフォンを見るために、自然と顔が下を向き、頭が前に行きすぎて、バランスがとりづらくなります。肩こりの原因にも。

いつも同じ側の手でバッグを持つ

いつも同じ側の手でバッグを持っていると筋肉の左右バランスが崩れ、歩く姿勢までゆがみます。

産後

赤ちゃんを抱くときは片腕に抱き、もう片腕で作業することが多くなるもの。重心が傾き、骨格のゆがみの原因に。

主な不調とゆがみとの関係

冷え症、顔のたるみ、二の腕のプルプル、おなかぽっこり。一見、「美の三大アーチ」や骨格のゆがみとは関係ないようですが実は大きく影響を受けています。一つ一つ解説しましょう。

冷え症

手足や腰の冷えはつらいものです。冷え症の要因はいろいろありますが、その中でも一番多い足の冷えについて説明します。足の冷えの原因としては、むくみ、セルライト、筋力の低下が挙げられます。「美の三大アーチ」が崩れ、姿勢が悪くなると下半身にセルライトがつきやすくなり、冷えを起こすのです。特に女性は年齢とともに筋力が低下しやすいので、一番筋肉量の少ない足首や足の甲の冷えを引き起こしてしまいます。

このように「美の三大アーチ」の崩れは、冷え症の要因にもなりうるのです。

顔のたるみ

〈 ゆがんだ骨格 〉
老化肌に

〈 正常な骨格 〉
美肌をキープ

顔は身体と違って筋肉のつき方が骨から骨ではなく、骨から皮膚へとついています。そのため顔には、表情ジワが生まれます。これは年齢とともにできるものですが、それとともにたるみも出てきます。

そのときに、首のアーチが崩れていると首や肩がはって、さらに顔がたるんでしまうのです。それだけでなく、「美の三大アーチ」まで崩れていると、胸元のリンパの流れが悪くなったり、頬や首の筋肉が下に引っ張られ、ますます顔のたるみの原因を引き起こすのです。

二の腕が太い

薄着の季節になると、気になる二の腕のプルプル。二の腕が太くなる原因はいくつかありますが、まず第一に「美の三大アーチ」の崩れが挙げられます。「美の三大アーチ」が崩れてしまうと肩が前に出て、肩の関節の動きが悪くなります。脂肪や筋肉は関節の動きの悪い部位につきやすい傾向にあるため、リンパの流れまで悪くなります。その結果、二の腕にも脂肪やセルライトが増えて太くなってしまうのです。だから、脂肪と筋肉のたるみにより二の腕がプルプルになることもまた「美の三大アーチ」の崩れのサインと言えるのです。

　腕のエクササイズをするのも大切なことですが、まずは「美の三大アーチ」の崩れを調整するのが二の腕をすっきりさせる近道です。

ぽっこりおなか

脂肪がつきやすいおなかまわりの悩みは尽きないもの。しかもぽっこりおなかは加齢のせいだけではなく、若い人でもおなかが出ている人はたくさんいます。実はぽっこりおなかの原因も骨盤や背骨のゆがみ、つまり「美の三大アーチ」のアンバランスが関わっています。骨盤がゆがむと、内臓を支えている筋力のバランスが乱れ、内臓が下垂します。さらに女性は女性ホルモンの働きにより腹部に脂肪がつきやすいため、ぽっこりおなかになるのです。骨盤が前や後ろに傾くと股関節にも影響し、太ももやお尻の体型の崩れにも繋がります。

女性が気になるおなかまわりやお尻にも「美の三大アーチ」の崩れが大きな影響を及ぼしていたのです。

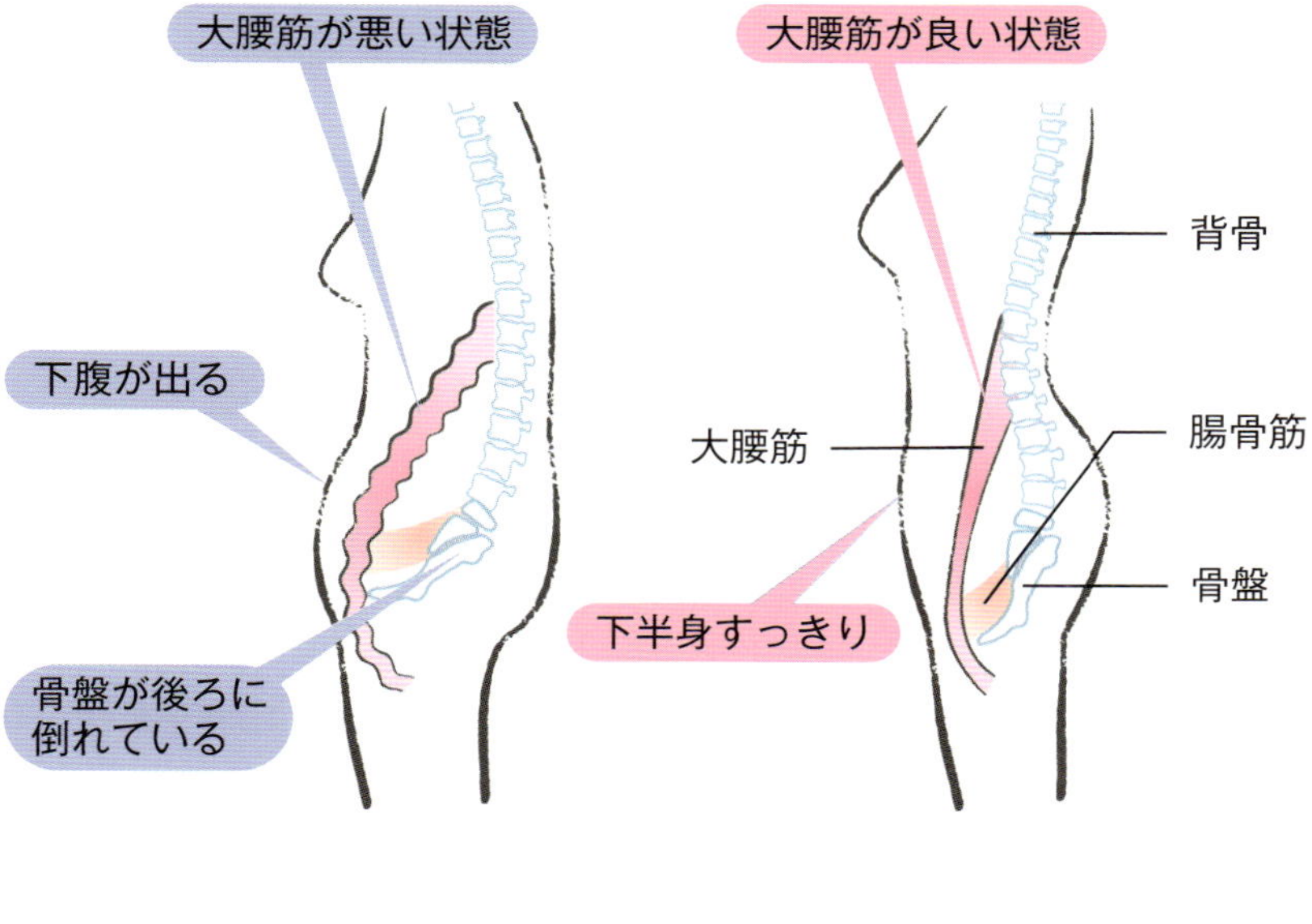

骨格のゆがみを解消するために「美の三大アーチ」をチェック

骨格がゆがむということは、骨そのものが変形してしまうことではなく、正確には骨の位置がずれる、ということです。正しい姿勢で立っているとき、背骨は正面から見ると、まっすぐ上に伸びていますが、横から見ると実はゆるやかなS字カーブを描いています。4～5ページでも説明しましたが、首の骨7個が前に弯曲し、背中の骨12個が後ろに弯曲、腰の骨5個が前に弯曲している、その状態は「生理的弯曲」と呼ばれ、背骨にとって最も自然な状態です（27ページ図参照）。この状態こそ、脳からの神経の伝達がスムーズになり、健やかな身体の機能を発揮できる状態、つまり首・腰・つちふまずの「美の三大アーチ」が整っているということなのです。

身体の土台となる骨盤が正しい位置に留まり、骨格の並びの状態をきちんと保つことで、美ボディ、美肌に近づくことができるのです。

姿勢美と健康を手に入れるために、まずは「美の三大アーチ」が整っているかをチェックしましょう。そのあと、骨格のゆがみを整え、それぞれのアーチの調整に繋げていきます。次ページからは、それぞれのアーチのゆがみのチェック方法や調整方法を紹介しています。

まずは、自分の骨格のゆがみの現状を把握することから始めましょう。

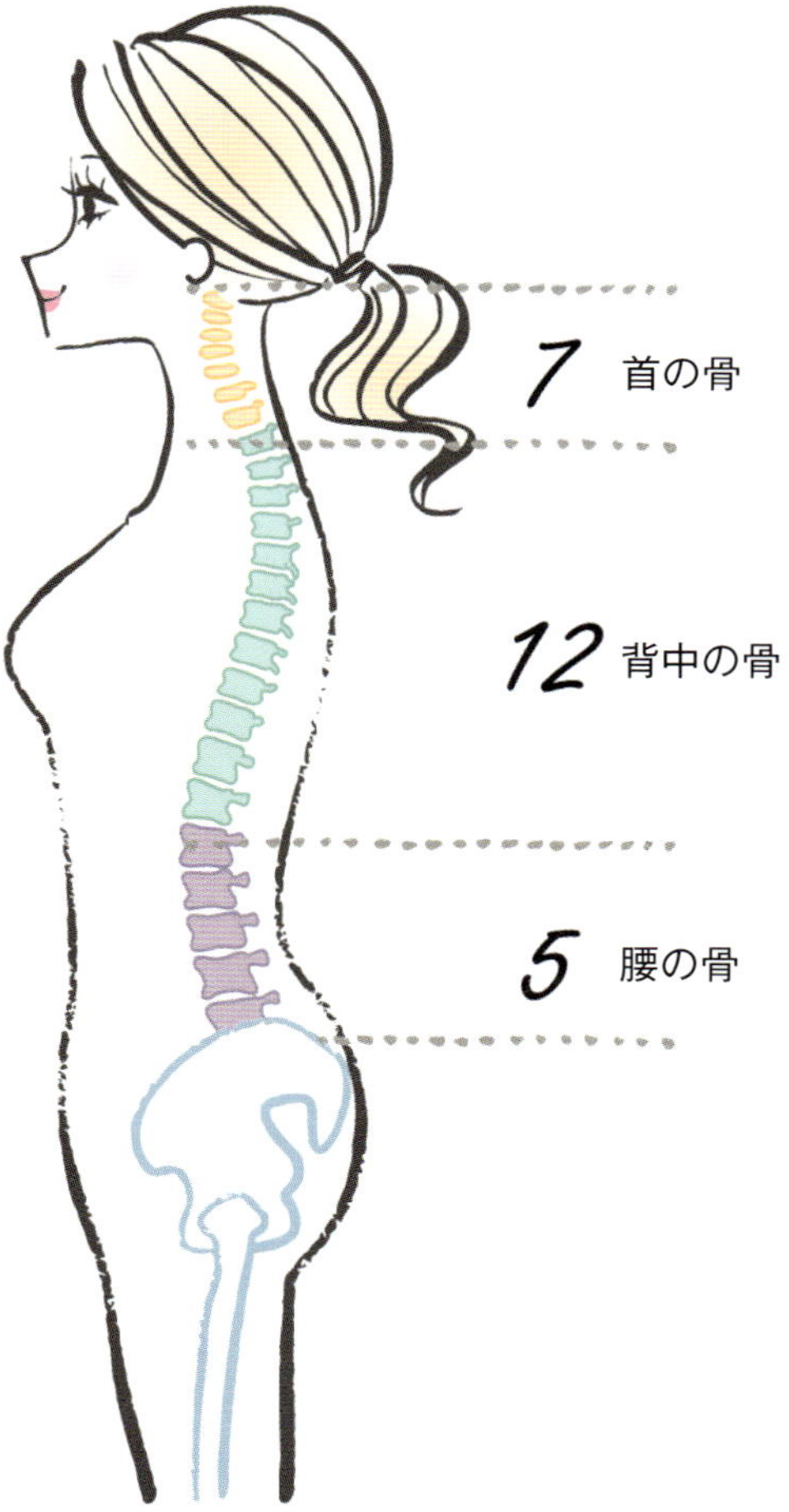

正常な骨格とゆがんだ骨格の違い

〈 ゆがんだ骨格 〉　　〈 正常な骨格 〉

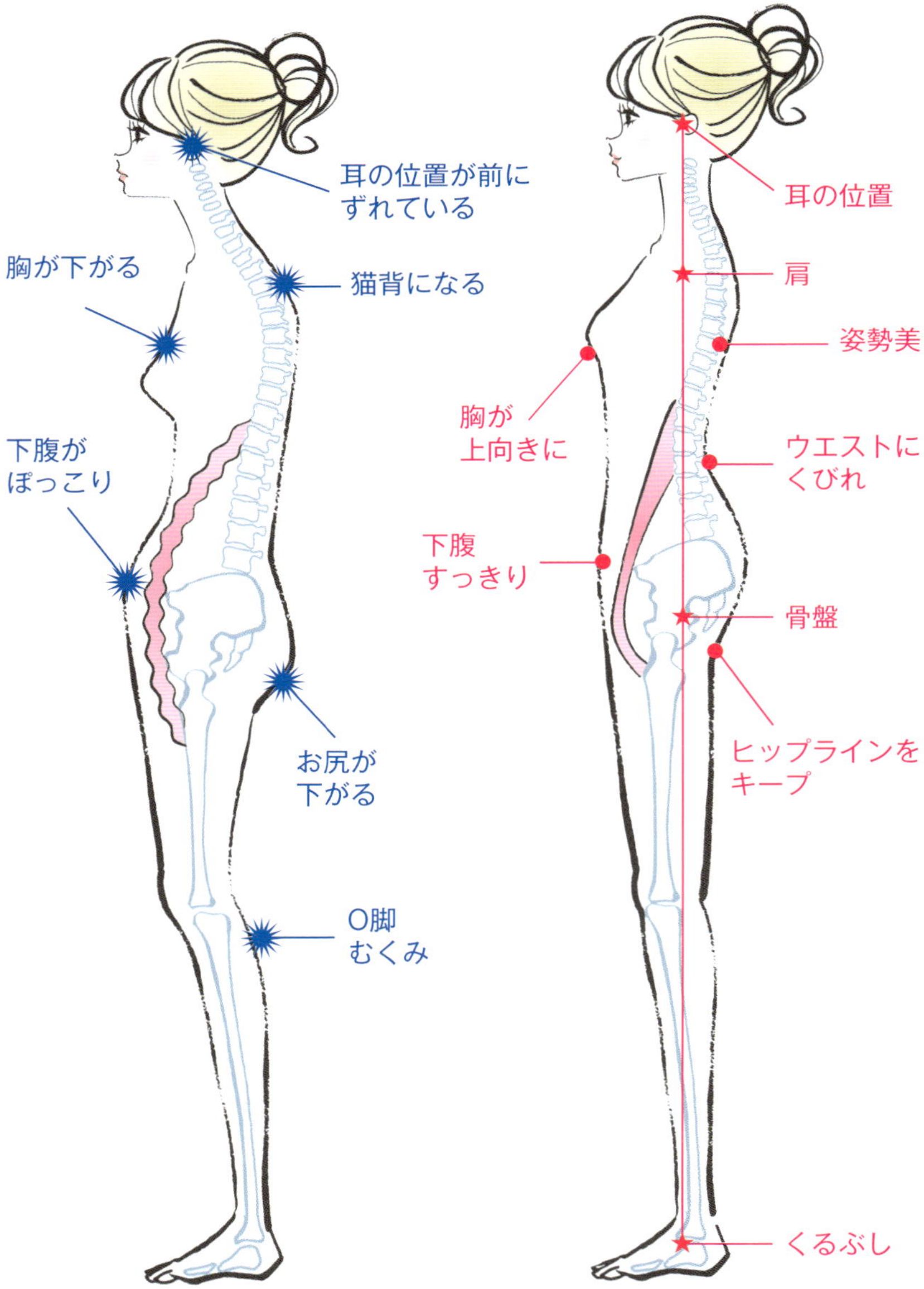

それぞれのアーチごとにチェック！

〈 つちふまずのアーチ 〉

足裏の内側の部分のカーブがいわゆるつちふまず。横から見ると反り上がっているもの。

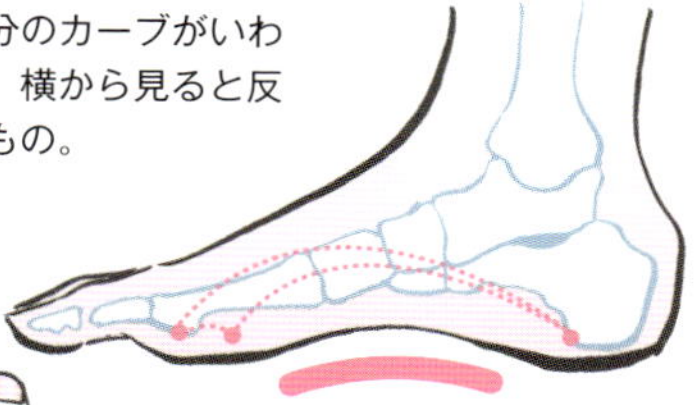

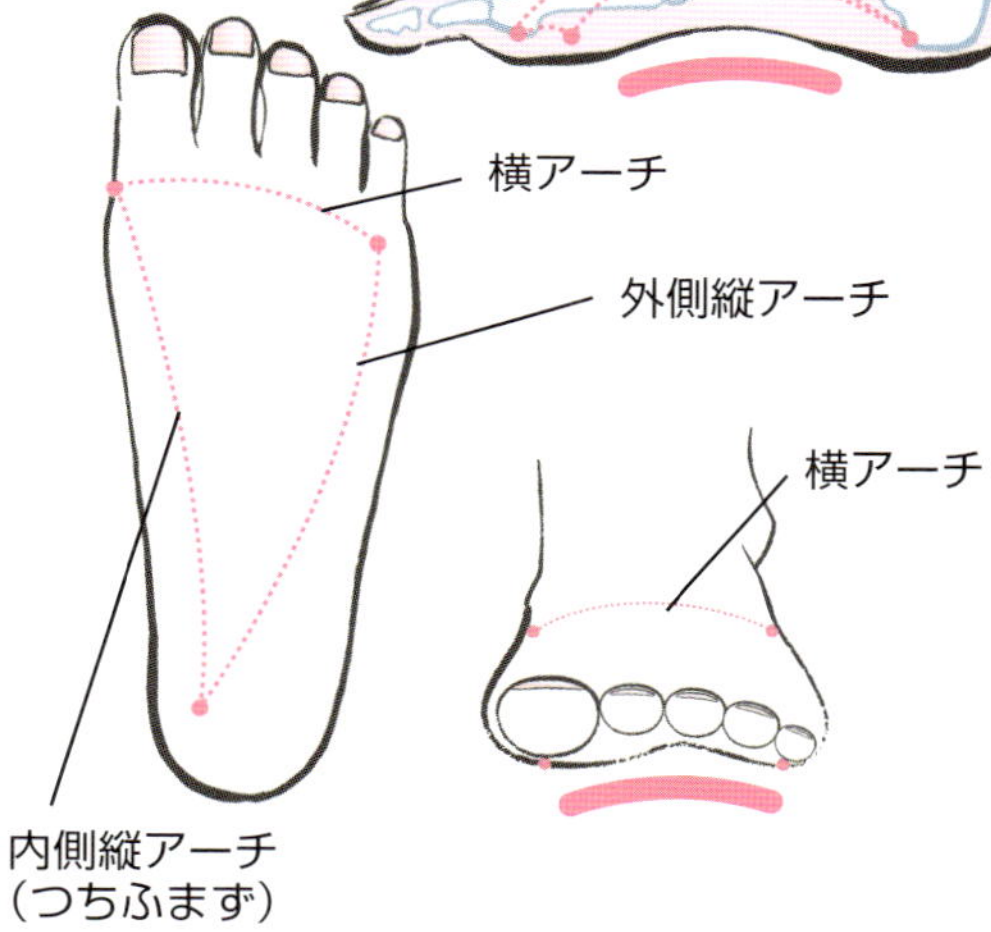

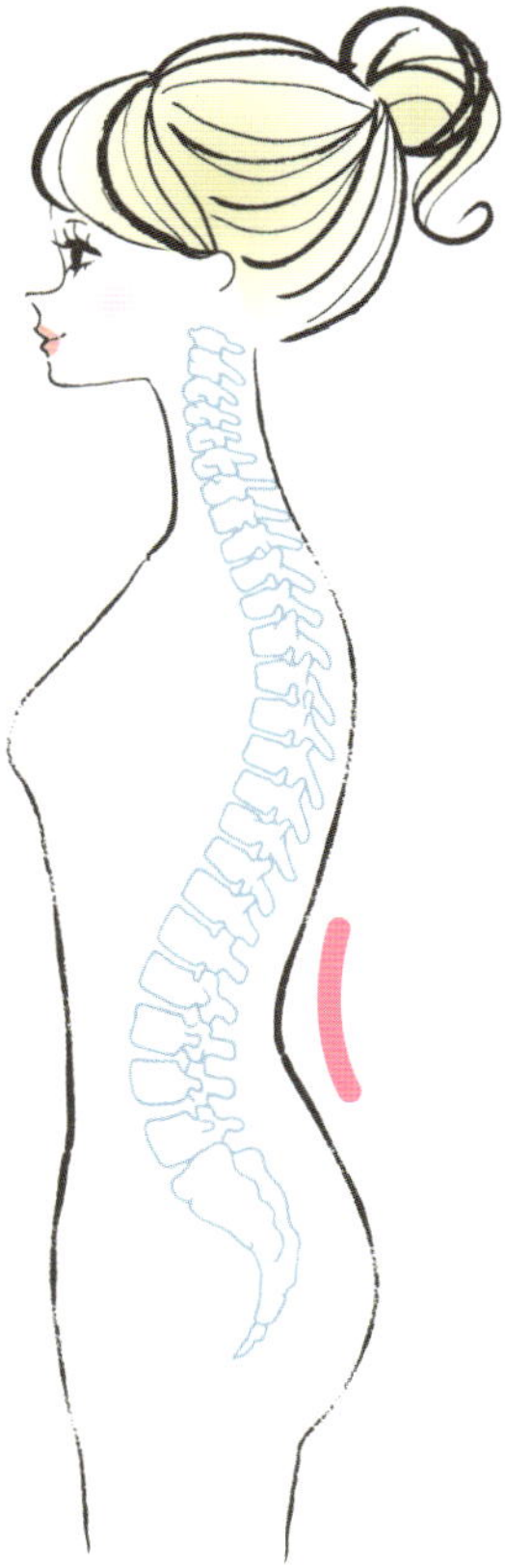

〈 腰のアーチ 〉

横から見るとS字カーブを描いています。背中の骨は後ろに弯曲して、腰の骨は前に弯曲するもの。猫背になっていないか確認を。

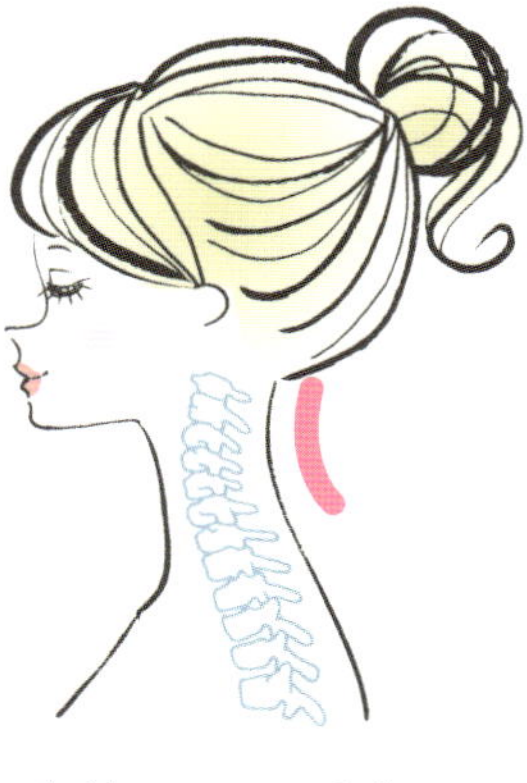

〈 首のアーチ 〉

少し前に弯曲しているのが首のアーチ。まっすぐのびきっていないかチェックを。

「美の三大アーチ」と身体のゆがみをチェック！

つちふまずのアーチ

つちふまずのアーチのチェックには主に三つの方法があります。いずれも自分で簡単にできるので、今すぐやってみましょう。

CHECK 1

"足ドン!"で サイドからチェック

つらくない姿勢で、壁に足裏をつけてみましょう。サイドから見て、足裏と壁との間にすき間があるかどうかをチェック。自分で足裏を触り、そこに指が3本幅分くらい入るのが理想です。

⇒

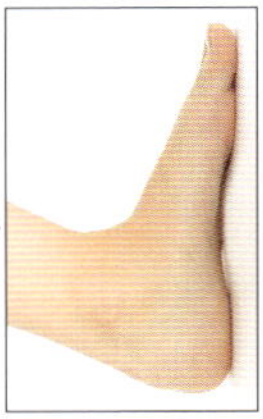

指3本分 くらいの幅の すき間がある

足裏と壁の間にすき間があいて、きれいなアーチを描いています。

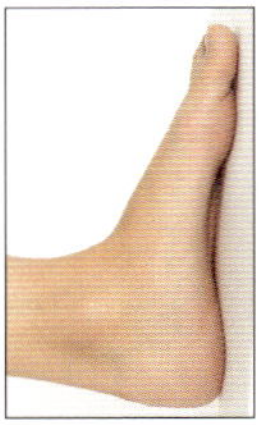

きれいな つちふまずの アーチ

甲の部分も自然で指も壁についていて、足裏のアーチにもへこみが。

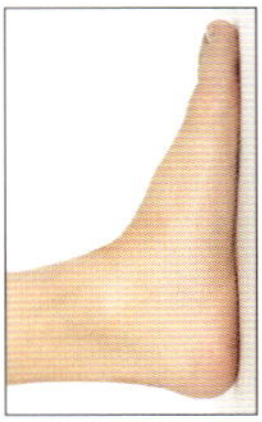

扁平足

すき間がなく、足裏が壁にべったりついてしまっている状態。

こんな アーチにも注意！

ハイアーチ

扁平足とは逆でアーチが深すぎて、甲の部分が高く指が浮いている状態。こうしたハイアーチもバランスがとれず、ゆがみの原因に。

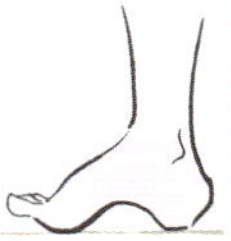

足裏を濡らして、ペタッとスタンプ。床などにしっかり足をつけて。

CHECK 2

足裏に水をつけて、足スタンプでつちふまずの形をチェック!

足裏に水をつけてスタンプ！　足形がついたら足裏の側面のカーブをチェックして。内側にへこむカーブがあるところがつちふまずです。

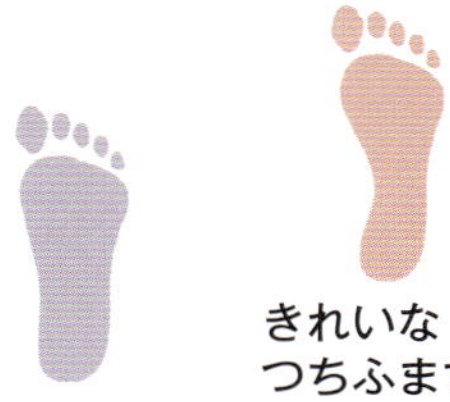

扁平足

足裏がほぼ地面につき、アーチのへこみがない足形なら扁平足。

きれいなつちふまずのアーチ

イラストのように足裏の内側がアーチを描いてる状態ならOK。

CHECK 3

立って脚全体をチェック

壁にしっかり寄りかかって足をそろえて立ってみましょう。つちふまずのアーチがへこんでいるとふくらはぎや膝がきちんとくっつき、バランスのよい姿勢で立っている状態になります。

つちふまずのアーチがあると、ふくらはぎ、膝が重なり、背筋がまっすぐな状態に。

扁平足やハイアーチだと、脚の間にすき間ができ、全体的にバランスが悪く見えます。

すき間があきすぎるとNG

膝が重なる

ふくらはぎ部分がしっかり重なる

腰のアーチ

CHECK1

腰のアーチをチェック

今度はサイドから腰のアーチをチェック。腕を上げるとウエストラインがわかりやすい。大きな鏡がない人は家族や友人に写真を撮ってもらってもOK。

腰のアーチがやや前に弯曲しているので、ウエストにくびれができて美しい姿勢に。

仙骨のラインがS字を描く

骨盤が前傾してお尻が出る

腰のアーチが崩れて骨盤が前傾してしまうといわゆる“でっちり”状態に。

NG

骨盤が後傾しておなかが出る

骨盤が後傾しすぎてしまうと猫背気味になり、おなかがポコッと出る体型に。

首のアーチ

CHECK 1

首のアーチをチェック

次は首の部分をチェック。壁を背に立ち、首の位置を見てみましょう。首のアーチと肩のラインがチェックポイントです。顎が出ていたりすると首のアーチが崩れていることに。

NG

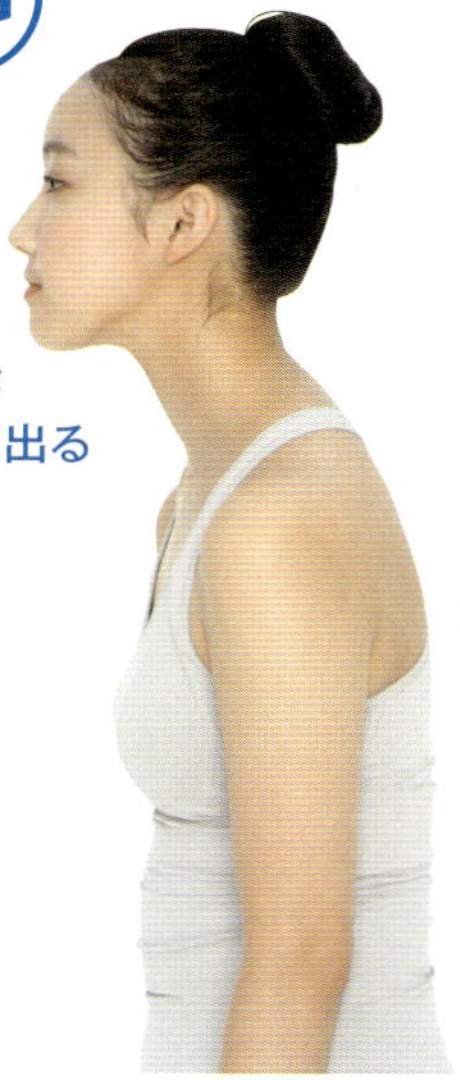
顎が
前に出る
猫背に
なっている

猫背の人に多いパターン。猫背のため、顎が前に出て、首のアーチがのびています。

OK

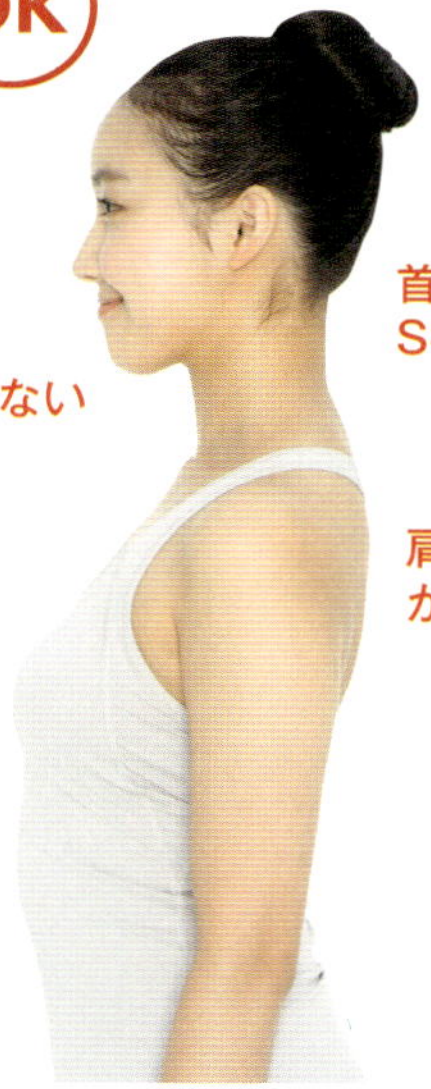
首のラインが
S字を描く
顎が出ない
肩のライン
がまっすぐ

首の後ろのアーチがやや前に弯曲し、背骨の上に頭の位置があると、きれいな首のアーチに。

最近多い ストレートネック

スマートフォンを見ようと、下を向きすぎたりしていませんか？　この姿勢が長く続くと首のアーチがのびてしまい、いわゆるストレートネックに。

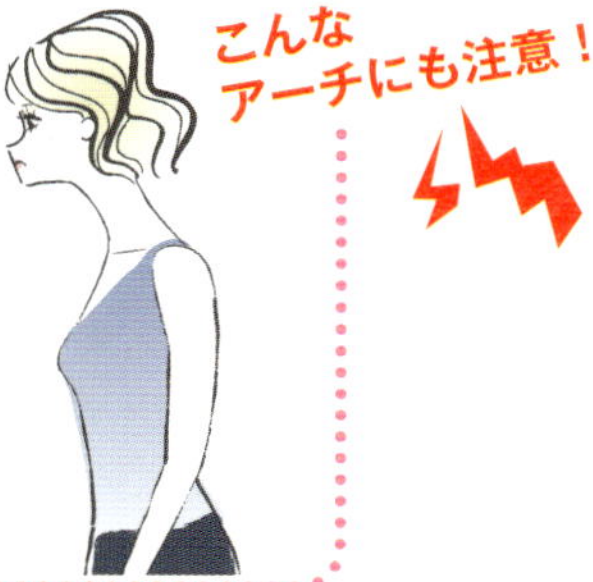

身体のゆがみをチェックしよう

人間の身体はどうしてもゆがんでしまうもの。なんとなく左にゆがんでいる気がする、など身体には「左右のゆがみ」が生じます。それを簡単にチェックできる方法を紹介。

CHECK 1

左右のゆがみをチェックする

右脚は動きやすいけど左脚はいまいち動きが悪い、といった悩みは身体の左右がゆがんでいる証拠。うつぶせに寝ころんだ状態で脚を上に曲げたとき、曲げにくいほうがゆがんでいたり、骨盤の位置が下がっていることが多いといえます。

1 うつぶせになって楽な姿勢に

うつぶせになって肘は立てて、顔を上げた状態からスタート。鏡があれば横に用意しておくと、脚の位置などがわかりやすい。

2 まずは片方の脚を曲げる

片方の脚を膝から上にいけるところまで曲げてみましょう。かかとをお尻に近づける意識でやってみて。

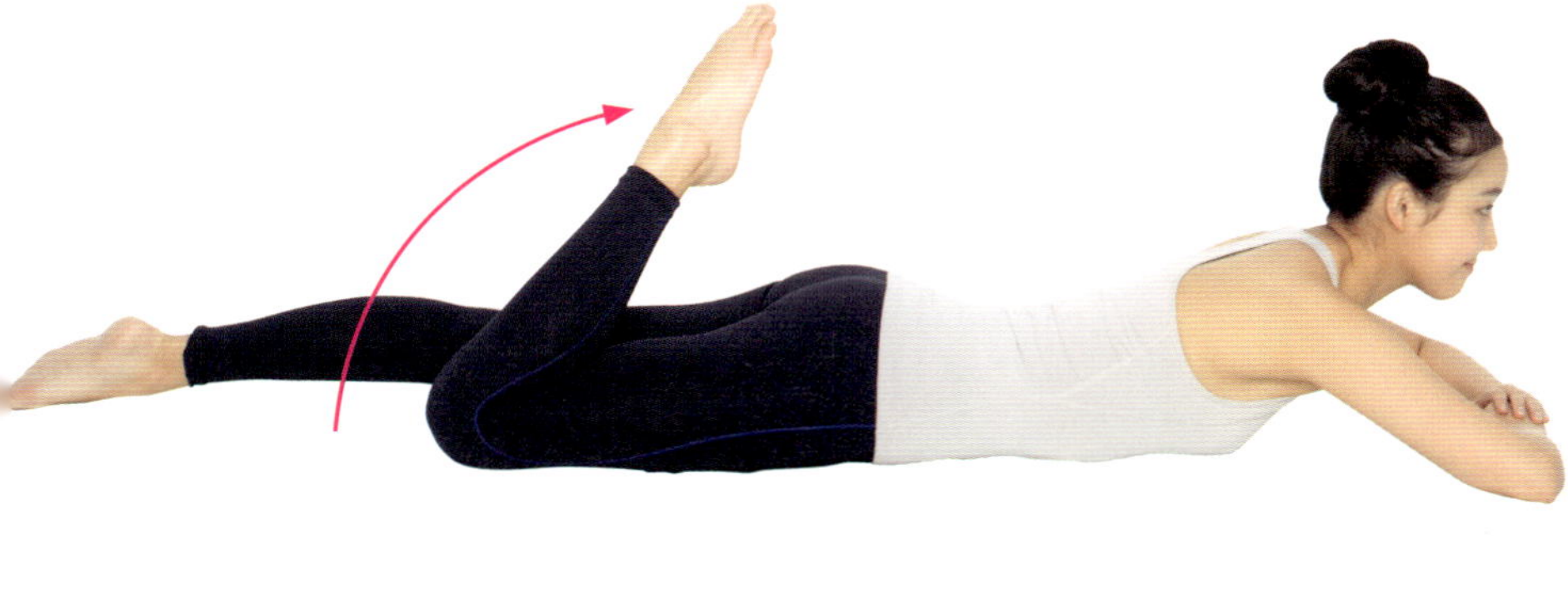

3 さらに逆の脚を曲げる

２で曲げた脚は元の状態に戻して、今度は逆の脚を同様に曲げてみましょう。反対の脚との曲げやすさの違いをよく意識して。

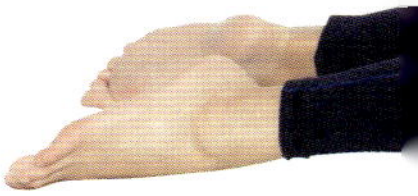

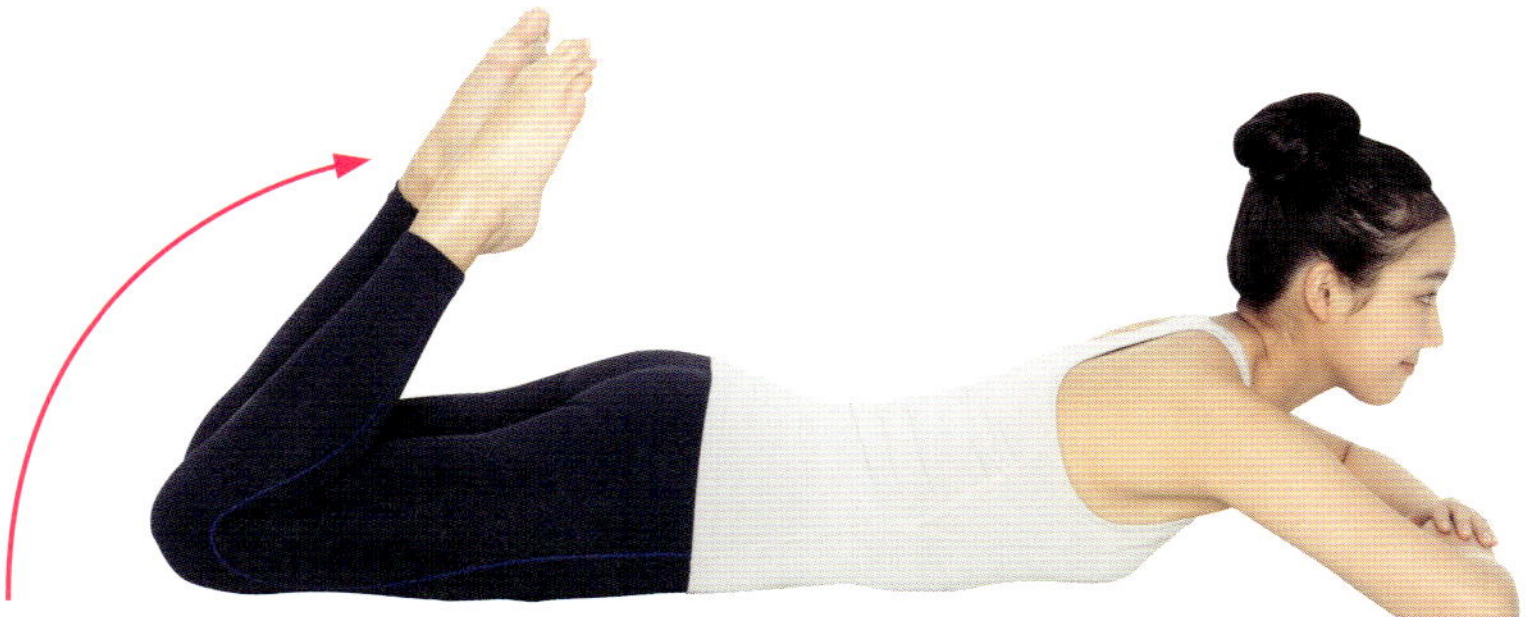

4 両方の脚を曲げる

両方の脚を一緒に曲げてみましょう。それぞれの脚の動きやすさや曲げやすさをチェック。左右のバランスも確認しましょう。

Column 1

良い姿勢で眠ることが大切
寝ている間に身体がゆがんでいるかも…

骨格のゆがみは起きているときだけではなく、寝ているときにも起こることがあります。その原因の一つは、柔らかすぎる寝具。ベッドや布団が柔らかすぎると身体が沈み込んで、腰のアーチが後弯し、S字カーブがなくなってしまうのです。それが神経の通り道である脊柱管に悪影響を及ぼし、さまざまな身体や肌のトラブルを発生させることに。さらに腰痛や背中の痛みや肩こりの原因にもなります。対策として、身体が沈み込まないある程度の硬さのある寝具を選んで、寝ている間にゆがまないようにしましょう。

また、枕の高さも高すぎず低すぎず、柔らかすぎないものを選びたいもの。首のアーチをきれいに保てるものがよいでしょう。

〈 悪い寝姿勢の例 〉

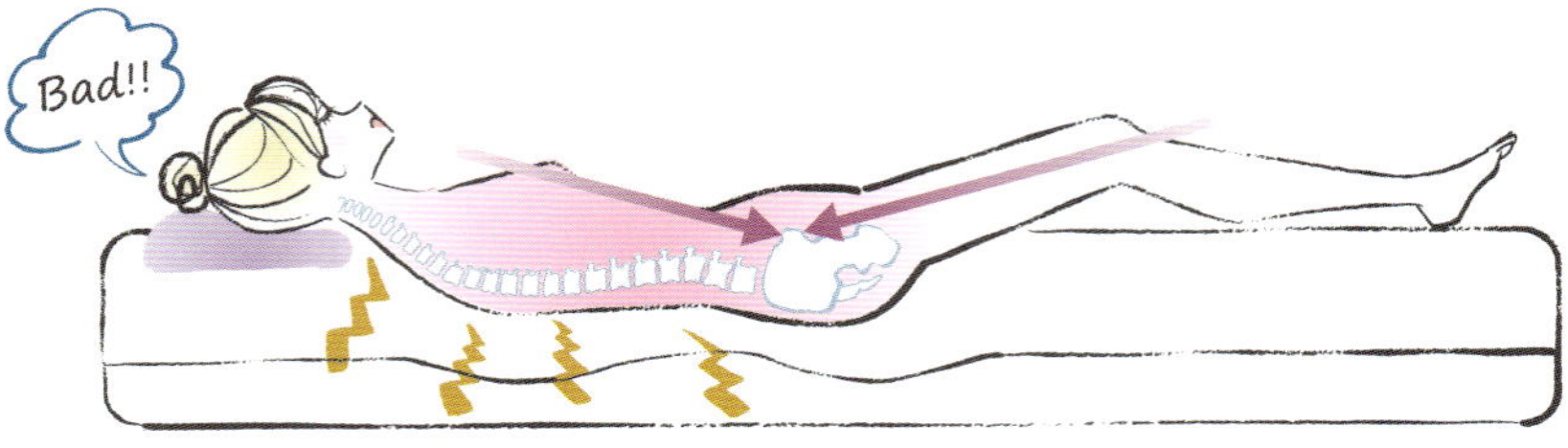

PART 2

自宅でできる「アーチの崩れ」を調整できるエクササイズ

エクササイズに役立つ　美容グッズ
ボディコントロールバンドの基本の巻き方

ここで紹介するのは、アーチを調整したり、美ボディに近づくためのエクササイズをスムーズに行うことができるサポートグッズ。手持ちのタオルやマットなどでの代用も可能ですが、グッズを上手に使いこなせば、より効果的なエクササイズを行えます。

ボディコントロールバンドは筋肉の代わりとなって骨を支えるので、エクササイズもしやすくなります。

運動まくら　あおたけ

かまぼこ形をした適度な弾力と硬さがある枕です。首のアーチにフィットする形なので、首や小顔のエクササイズに活躍。つちふまず、腰、首のアーチの調整にも使えます。

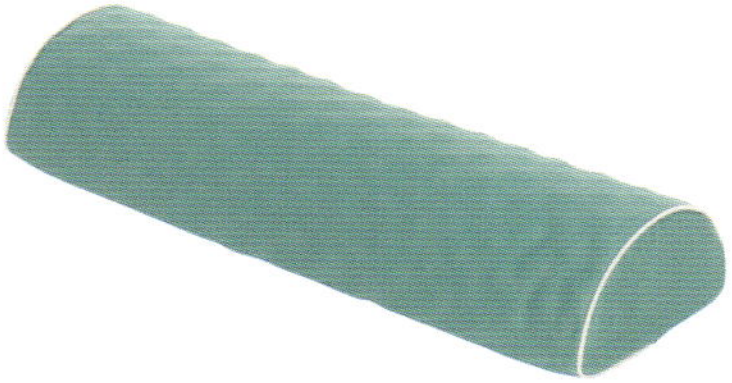

ボディコントロールバンド

身体の筋力や柔軟性の調整が手軽にできる天然ゴムを使用したバンド。エクササイズするときに筋肉をサポートしてくれるので、正しい姿勢で行えます。黄色、赤、緑の順で強度が増し、自分の筋肉や関節の柔軟性、体型に合わせて選ぶことができます。

ヘルスウェーブ

本書で紹介している床の上で行うエクササイズは、このマットを使用しています。フローリングなど硬い床の上でエクササイズすると、腰や身体が痛くなってしまうので必ずマットを敷いて行いましょう。このマットは寝具としても使えます。

※商品の詳細、取り扱い店は→
https://hbi.jp/shop

骨盤に巻く

ゴムバンドを巻いた状態でエクササイズすることで、骨盤が適切な位置に整うのをサポートします。巻くだけで腰まわりがすっきり、おなかやヒップアップのエクササイズに大活躍します。

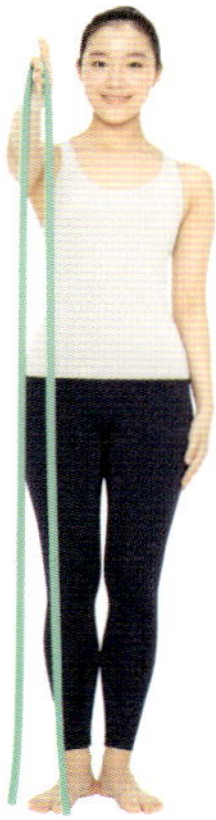

1
ゴムバンドの長さを均等にします。

2
膝を上に曲げたときに動いた骨盤の位置にゴムバンドをあてます。

3
そのまま後ろへと巻いて、さらに後ろから圧をかけながら前へと巻きます。

4
後ろから回したゴムバンドを前でクロスさせます。

5
クロスさせたゴムバンドを前から後ろへ股の下に通します。（男性の場合は股の下でクロスさせず、そのままヒップを通って後方へ）

6
5で後方にきたゴムバンドをヒップを下から持ち上げるように引っ張ります。

7
持ち上げたゴムバンドの端を、両脇に挟み込みます。

8
完成！

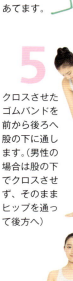

肋骨に巻く

肋骨に巻くことで、自然と胸が張り、肩まわりの筋肉を補助する役割を果たしてくれます。キレイな姿勢をキープするのをサポートしつつ、バストアップ、二の腕、首すっきりなど上半身のゆがみを整えてくれます。

1
ゴムバンドの長さを均等にします。

2
肋骨ラインにゴムバンドをあてます。

3
ゴムバンドを前から後ろに巻きます。

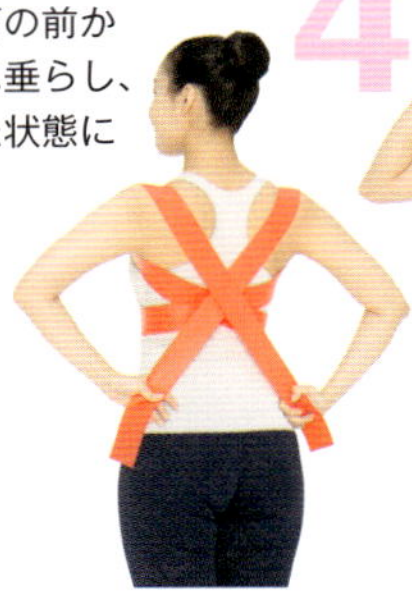

4
後ろに回したゴムバンドを肩の前から肩甲骨に垂らし、クロスした状態にします。

5
垂らしたゴムバンドは肩甲骨が出るように圧をかけながら両脇のバンドに挟み込みます。

6
完成！

ゴムバンドの長さが足りない人はこれでもOK!

もう一つのゴムバンドを使えば、さらにしっかり肋骨を巻くことができます。

1
赤のゴムバンドで肋骨ラインを巻いてとめます。

2
黄色のゴムバンドを肩幅×2倍プラスこぶし1つ分のところで分けます。

3
分けた部分の先を結んで、ゴムバンドの輪を作ります。

4
ゴムバンドの輪を2重にします。

5
ゴムバンドの輪を片側の肩のみに通します。

6
ゴムバンドの輪を引っ張って、もう片側の腕をゴムバンドの輪に通します。

7
腕を上に上げて、肩を通します。

8
後ろ側がクロスになっていれば完成です。

脚に巻く

脚にゴムバンドを巻いて、つちふまずのアーチを作ります。キレイな姿勢が整い、巻くことで圧がかかって脚のむくみやだるさを解消し、美脚効果も期待できます。

1

ゴムバンドをくるぶしの内側にあてて、内側から外側に巻きます。

2

1周させたら、つちふまずを通します。

3

足裏から1周させて、またくるぶしを巻きます。

4

さらにクロスさせながら、つちふまずを通して巻きます。

5

ふくらはぎに向かって巻いていきます。

6

バンドの端を挟み込んで完成です。反対の脚も同様に巻きます。

美容グッズの使い方

ボディコントロールバンドやあおたけはエクササイズや自分の身体のゆがみが気になるポイントに合わせて自在に使ってOK。次ページ以降のエクササイズを参考に使ってみましょう！

ボディコントロールバンド

骨盤のゆがみを調整したいときは肋骨、骨盤に巻く。

肋骨、骨盤、脚、全てに巻いてもOK。

運動まくら　あおたけ

つちふまずのアーチの調整にもスムーズ！

腰のアーチの調整にもお役立ち！

首のアーチの調整にも使える！

ヘルスウェーブ

床に敷いてエクササイズのときに使用。

「アーチの崩れ」を調整するエクササイズ

「つちふまずのアーチ」を調整する

つちふまずのアーチが崩れないようにするためには足裏の筋肉をしっかり鍛えることがポイント。四つのエクササイズをご紹介！

エクササイズ 1　30回

踏み踏みして つちふまずを鍛える

運動まくら　あおたけにつちふまず部分をのせることで足裏が刺激され、崩れたアーチが整います。固まった足裏の筋肉がほぐれて、脚の疲労回復にも効果的。

肋骨　骨盤　あおたけ

1 運動まくら　あおたけを用意。片足をまずのせてみましょう。

2 さらに両足をのせて立ってみましょう。安定して立つように。

3 軽く足を上げてあおたけをリズミカルに踏みましょう。

※エクササイズの説明の下にあるマークは、肋骨 ＝肋骨に巻く、骨盤 ＝骨盤に巻く
脚 ＝脚に巻く、マット あおたけ ＝使用するグッズを表しています。

エクササイズ 2

左右20回

足の指でグーパー

足の指をグーとパーに動かすエクササイズ。足の指を動かすことで、つちふまずのへこみを作り、足裏の筋肉が鍛えられます。

1

足の指を縮めて、じゃんけんのグーの状態に。甲の部分が高くなり、アーチができます。

2

足の指を開いてパーの状態に。しっかり足の指を開くのがポイント。1～2を繰り返し。

左右
10回

エクササイズ 3

足の指で"あいうえお"を描く

エクササイズ2と同様に足の指を動かします。足の指を縮めた状態で床に“あいうえお”を描いていきます。足裏の横のアーチが鍛えられます。

1

足の指を使って、「あ」を描いてみましょう。座った状態でやるほうがやりやすいです。

2

足は大きく動かさなくてOKです。順番にリズミカルに字を描いていくのがポイント。

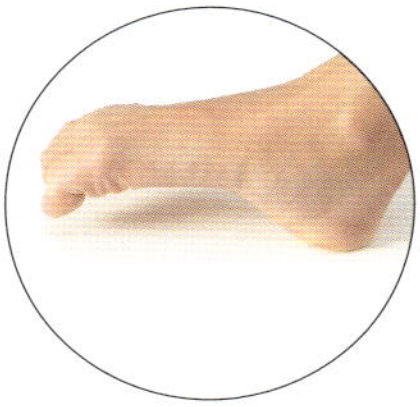

3

足裏の横のアーチが鍛えられて、つちふまずのアーチの崩れを防いでくれます。「あ～お」まで描いて１回とし、左右各10回行います。

エクササイズ 4

左右20回

足の指でタオルを引き寄せる

足の指5本をしっかり使って指の付け根の関節を動かす意識でタオルを握り、引き寄せます。足裏の筋肉が全体的に鍛えられます。

1

タオルを床に置き、足の指でタオルを握り、持ち上げます。足裏が自然にへこみます。

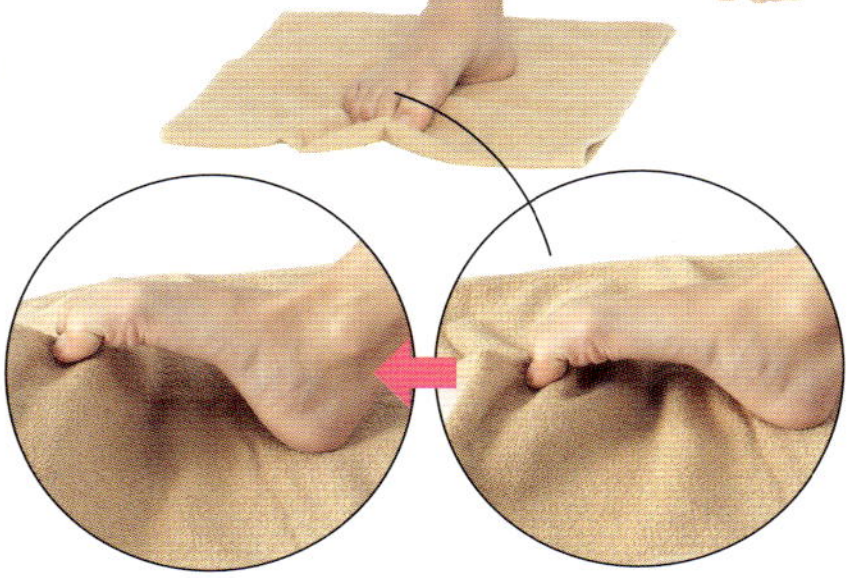

2

そのままぐっとタオルを引き寄せます。膝は外側や内側に向かず正面向きになるように。

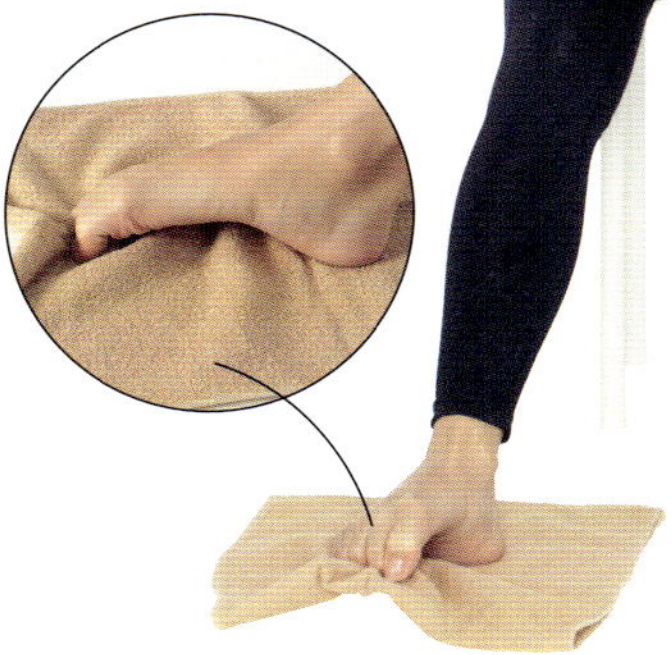

「腰のアーチ」を調整する

腰のアーチのゆがみは、骨盤のゆがみに伴う大腰筋の衰えが原因。骨盤のゆがみを調整しながら腹筋をしっかり鍛えましょう。

エクササイズ 1　20回

腹筋を鍛えて骨盤を安定させる

腹筋が衰えてしまうと、腰を支えることができなくなり腰のアーチが崩れます。まずは腹筋を鍛えて骨盤を安定させましょう。

肋骨　骨盤　マット　あおたけ

1 仰向けの状態で寝ます。腕は身体に沿った位置に置いて。

2 膝をゆっくり立てた状態にします。

3 そのままお尻をぐっと持ち上げます。このとき腰が曲がらないようにまっすぐに上げるイメージで。２～３を繰り返します。

エクササイズ 2

左右20回

腰を左右に倒して ゆがみを整える

腰の左右のゆがみの調整をします。膝を左右に倒してストレッチすることで、骨盤や腰がのび、元の位置に戻ろうとするのを助けます。

肋骨　骨盤　マット　あおたけ

1 仰向けの状態になり、膝をクロスさせます。

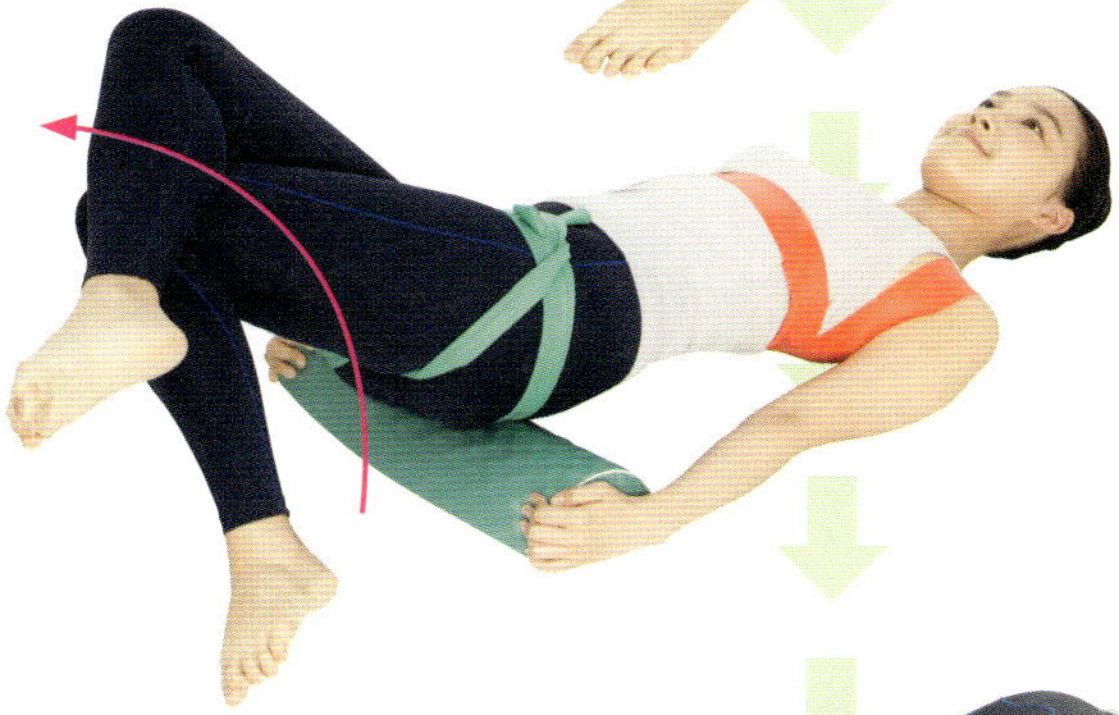

2 下になった脚の逆方向に倒します。上半身は反対側に向けてもOK。

3 腰が完全に浮かないように注意。反対側も同様に倒し、2～3を20回。脚を組みかえて2～3を20回繰り返します。

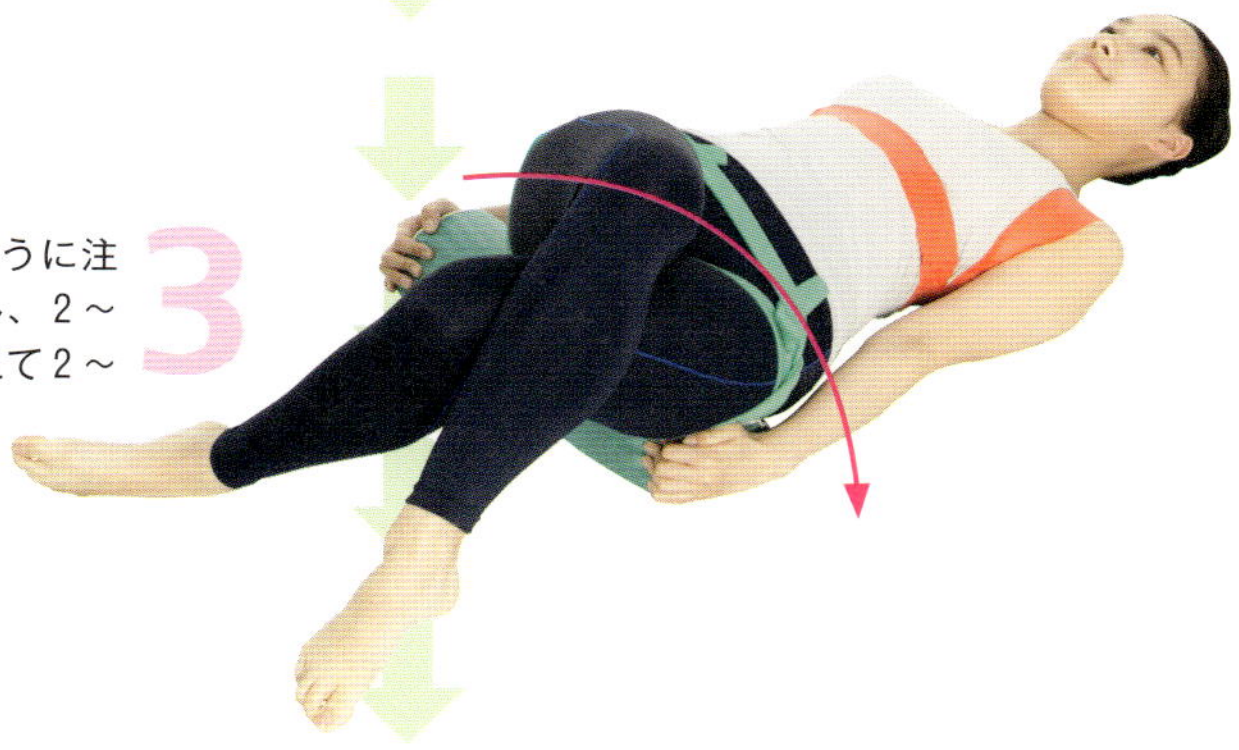

エクササイズ 3

左右
20回

腰を使って上半身を回す

椅子に座った状態でできるエクササイズ。腰を意識しながら上半身を回し、骨盤の位置を調整。左右両方に回しましょう。

肋骨

骨盤

1

椅子に座った状態で、両手は脚の付け根のあたりに置きます。

2

まず、右に腰を動かします。上半身も一緒にゆっくり動かすようにします。

5

元の位置に戻ったら素早く繰り返し。10回繰り返したら反対側も同様に回します。

NG

簡単にできるエクササイズですが、身体全体が傾きすぎたり、肩で首を回したりすると、腰のゆがみの調整にはなりません。

4

後ろからなめらかに左へ動かします。

3

上半身を少し後ろに反らすような感覚で、腰を回していきます。

「骨盤のゆがみ」を調整する

姿勢の悪さや片方に重心がかかっていることで骨盤はゆがみます。腰を左右にバランスよく動かして筋肉を鍛えながら調整しましょう。

エクササイズ 1 左右20回

腰を回して
ゆがみを調整する

立ったままの状態で腰を回転させるエクササイズ。腰を回転させて腹筋を鍛え、骨盤を調整します。腰をしっかり動かしましょう。

肋骨　骨盤

1

足を肩幅ぐらいに広げて立ちます。視線はまっすぐ前に。

2

腰だけを回転させ、円を描くように回していきます。

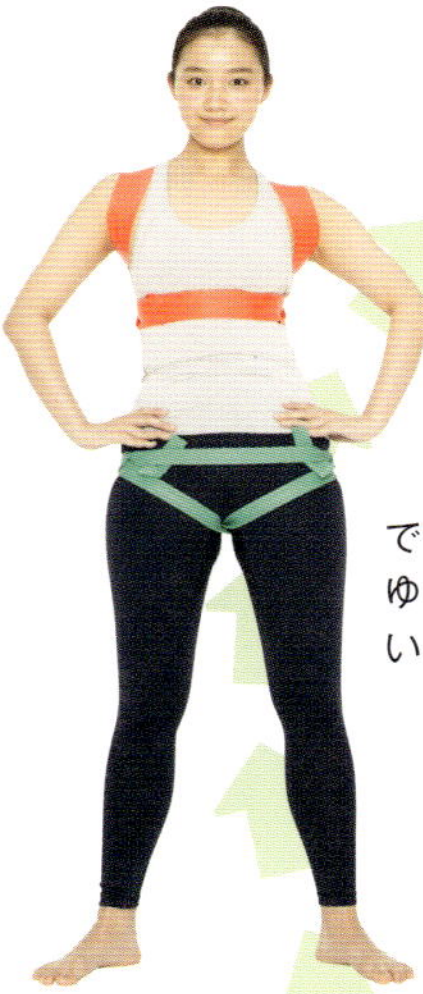

3

できるだけ大きくゆっくりと回していきます。

4

反対方向も同様に、腰をしっかり回転させていきます。

NG

身体全体で回してしまう

腰が入りすぎて、身体全体で回してしまうと骨盤の調整にならないので注意しましょう。

エクササイズ 2

左右20回

骨盤を回して
ゆがみを調整する

バストの下に手を置くことで肋骨部分を固定して骨盤を回しやすくします。肋骨の下を意識して動かすと骨盤が整うようになります。

肋骨　骨盤

1

バストの下ぐらいに手を置いて立ちます。視線は前に。

2

肋骨部分は手で固定しながら、腰をゆっくり回します。

3

反りすぎに注意しながら、後方にも骨盤を回していきます。

4

骨盤をなめらかに回転させて反対方向にも回します。

NG

肩で回してしまう

骨盤ではなく肩を回しがちなので、骨盤を意識して回すようにしましょう。

「首のアーチ」を調整する

首のアーチはあおたけでアーチ部分を固定すると調整しやすくなります。首のストレッチを取り入れながら調整するのがポイントです。

エクササイズ 1

20回

首を上下左右に動かして ゆがみを調整する

あおたけを首の後ろに置くことでゆがんだ首のアーチを整え、首の動きをなめらかに。顔のむくみもすっきりします。

肋骨　マット　あおたけ

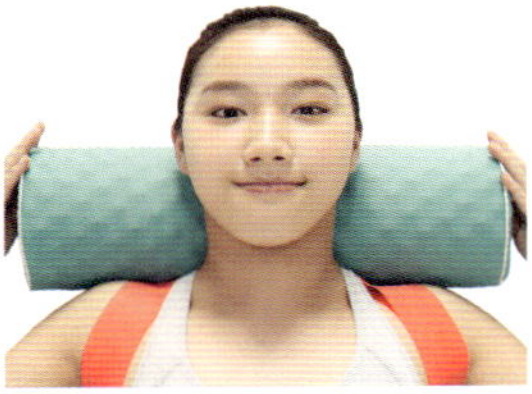

1 あおたけを首の後ろに置き、仰向けに。手はあおたけの横に置きます。

2 ゆっくりと首を下に下げていきます。顎が身体につくぐらいを意識しましょう。

3 ゆっくり戻し、そのまま首を上に伸ばします。引っ張られる感じを意識しましょう。

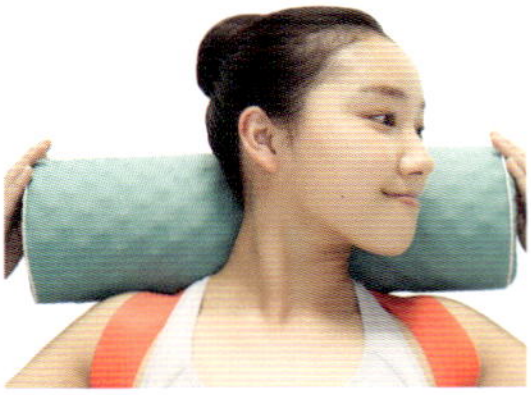

4 次は左右に。まずは首を左側に動かして、ぐっと伸ばします。

5 さらに反対側にも動かします。これをゆっくり上下左右繰り返して。

エクササイズ 2

20回

首をゆっくり伸ばして アーチを整える

首のアーチは縮こまっていることが多いので、しっかり伸ばしながらアーチを整えます。少し圧をかけて伸ばすのがポイントです。

肋骨　マット　あおたけ

1 あおたけを首の後ろに置き、仰向けに寝ます。

2 首を気持ちいいと感じるところまでぐっと上に伸ばします。

3 また元の位置に戻して、両手を両頬に添えます。

4 頭のほうに向かって首を伸ばすイメージでストレッチを。

Column 2

骨盤の形が違う!
男性より女性のほうが ゆがみやすいってホント?

男性の骨盤はハート形で、仙骨の幅が狭く長いのが特徴です。一方女性の骨盤は横楕円形で、仙骨は幅広く短いのが特徴。これは女性が骨盤の内部に子宮と二つの卵巣を持っているので、この臓器をすっぽり収納するために男性よりも広く横長の形である必要があるからです。そのためコンパクトな男性の骨盤よりも、腸骨の長い女性の骨盤のほうがゆがみやすいとされています。

また多くの女性は妊娠、出産を経験します。妊娠すると子宮が大きくなり、ゆっくり骨盤が開いていきます。出産後は10日から2週間で元の状態に戻りますが、そのときに悪い姿勢でいたり、骨盤ケアに気をつけていないとゆがみの原因になってしまうのです。

〈 女性と男性の骨盤の形の違い 〉

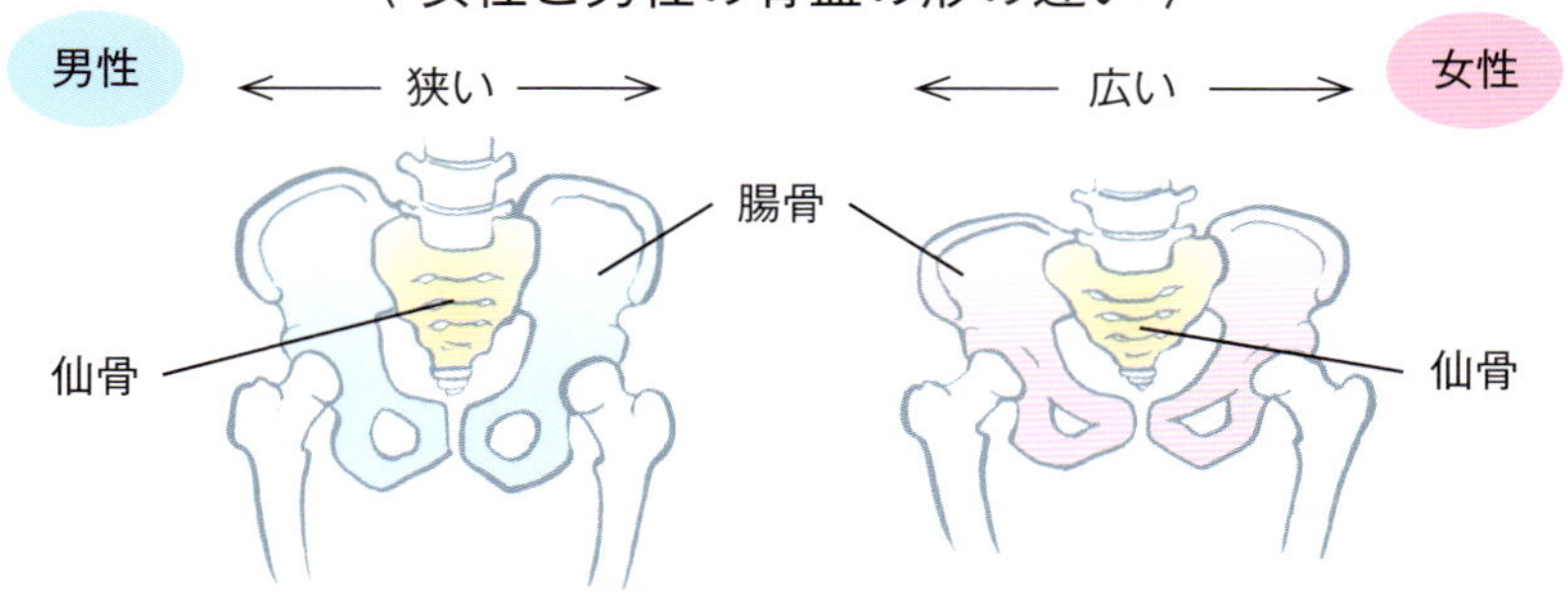

PART 3
美ボディを目指せる部位別エクササイズ

エクササイズの前にやっておきたい 基本の姿勢チェック

まずは、普段何気なくしている、立つ・歩くの姿勢においてゆがみがないかチェック。特に歩き方はアーチの崩れと密接に関わり、悪い姿勢で歩いているとエクササイズの効果も半減するので注意して。

鏡の前に立ってみよう

背筋を伸ばして自分の姿勢をチェック。視線は前に、おなかに少し力を入れて上から引っ張られるような意識で立つと安定します。

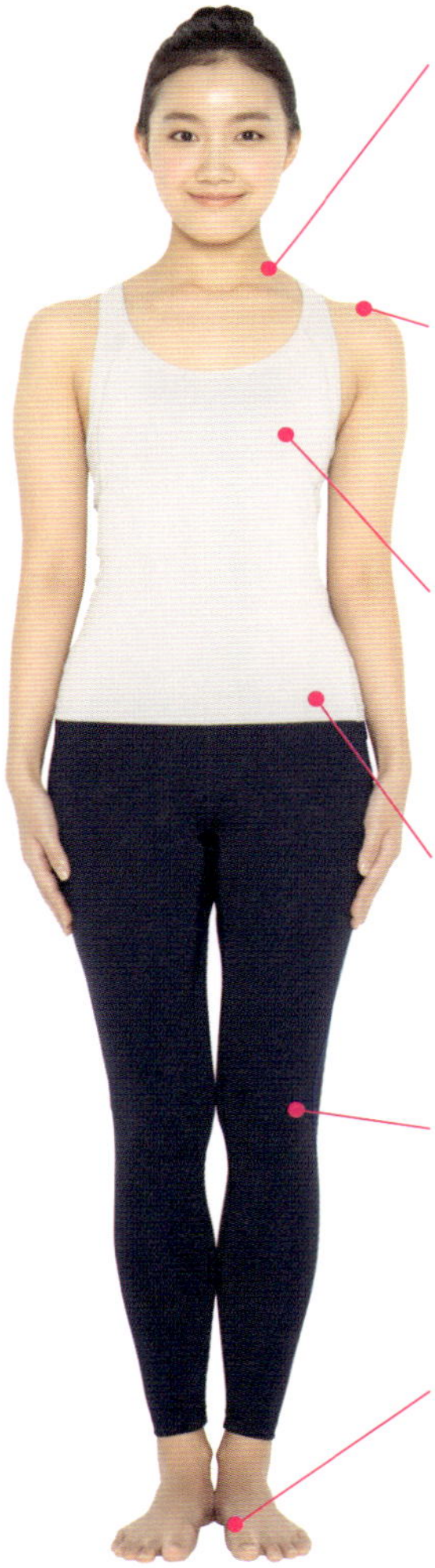

首のアーチ

顎が前に出ていると、首のアーチが崩れていることに。

肩のライン

どちらかが上がっていたり、肩が極端に前や後ろに傾いていない？

胸のライン

猫背だとバストが下がって見えます。加齢だけのせいとは限らず。

骨盤のライン

自分ではなかなかわかりづらいけど、おなかやお尻は出てない？

膝のライン

左右の膝がぴたっとしっかりつくかどうか、チェックしましょう。

つちふまずのアーチ

つちふまずのアーチがへこんでいると、全体の姿勢まで安定します。

歩き方もチェック

「美の三大アーチ」が崩れている人は歩くとき前かがみになったり後ろに反りぎみなことも。腰痛や脚の疲れの原因にもなるので注意して。

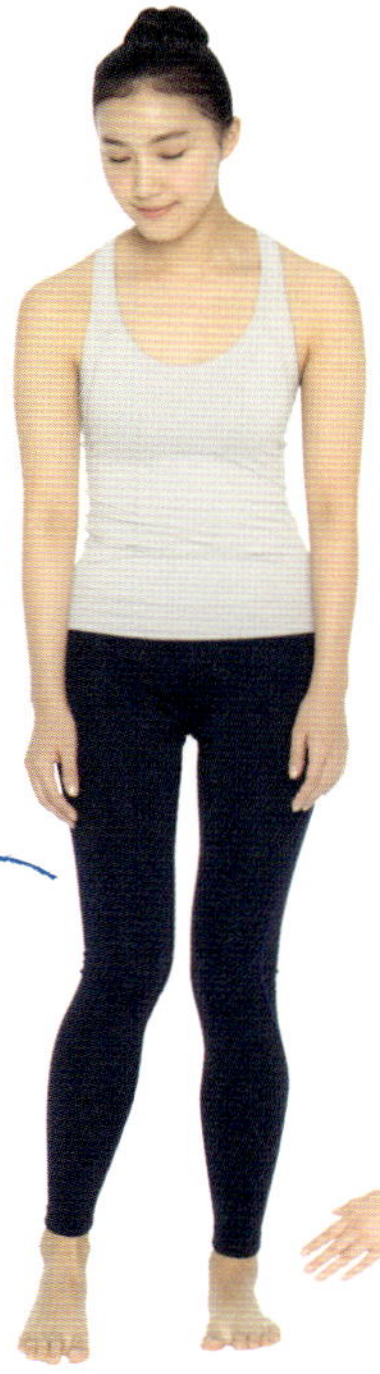

NG

姿勢の悪い歩き方は見た目も美しくないもの。腰や脚もすぐに疲れてしまいます。

OK

背筋が伸び、首・腰・つちふまずのアーチが整った状態。おなかやお尻も出ていません。

自宅でエクササイズするときの注意点

自宅でエクササイズするときは、ヨガマットぐらいの広さを確保して、まわりの物などに当たらないように注意しましょう。まずは自分が気になる部位のエクササイズからスタート。無理は禁物です。

マットなどを敷いて行う

フローリングなど硬い床の上でそのままやると、身体が痛くなったり、腰に負担がかかってしまいます。必ずマットなどを敷いてエクササイズを。

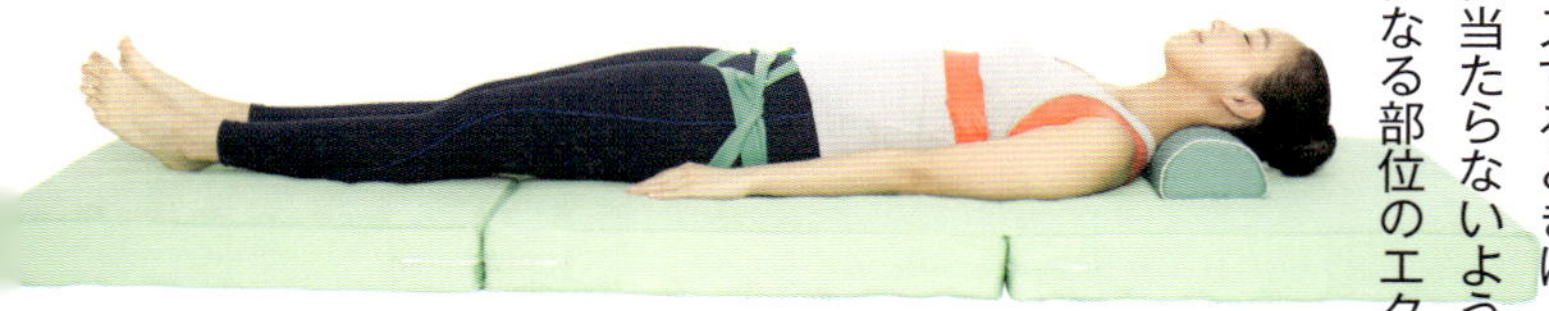

食後2時間、飲酒後は控える

食後やアルコール摂取後は血流がよくなりすぎて、軽い運動でも心臓や胃腸に負担がかかってしまうもの。このタイミングは避けましょう。

体調が悪いときは無理に行わない

風邪をひいたり、生理中など、体調が悪いときは無理せずエクササイズをお休みしましょう。また回復したら、ゆっくり再開することにして。

お役立ちグッズを使ってエクササイズを！

ボディコントロールバンドやあおたけなどのグッズを使うと、エクササイズがよりスムーズになり、正しい運動へと導いてくれます。

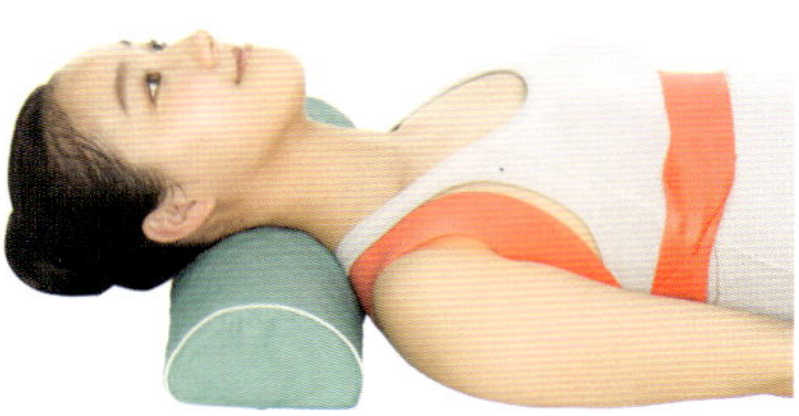

できないエクササイズは無理して行わない

紹介しているエクササイズのいくつかは、筋力があまりない人には上手にできないものもあります。無理をせず簡単なものやできる回数から始めましょう。

妊娠の可能性がある、妊娠中は行わず、医師や専門家に相談を

骨盤を回したりする運動などは妊娠中はＮＧ。妊娠中にできるエクササイズもあるので、専門家や医師からきちんとアドバイスを受けて。

ゆっくりと身体を動かす

エクササイズの最中は呼吸も大切。ゆっくりと身体を動かしながら呼吸もしっかり行うと効果もアップ。リラックスしながらやるのがポイント。

ゆがみを調整しながら美ボディに。1日5分でOK！部位別エクササイズ

美脚 むくみを解消してすっきりと

脚の悩みではおなじみの、むくみやO脚、X脚をエクササイズで調整しましょう。脚に溜まった老廃物を流したり太ももの筋肉を鍛えるのがポイント。

左右10回×3セット

エクササイズ 1

脚のリンパの流れをよくしてむくみを解消

太ももの内側の筋肉はゆるみやすいので、脚を上げてストレッチ。足首を動かすことでリンパが流れてむくみを解消します。

肋骨　骨盤　脚

マット

あおたけ

1 お尻を上にしっかり上げてキープします。

POINT

お尻が沈み込まないようにしっかり上げること。ある程度腹筋が必要になるので、おなかや骨盤の調整効果も期待できます。

2 その状態をキープしたまま、片脚を上げます。

3 足首を前後に10回ほど動かし、1に戻って、反対側も同様に。

エクササイズ2

左右10回×3セット

タオルを挟んで O脚を改善

O脚はつちふまずのアーチや骨盤のゆがみのせいで内ももがゆるんでいるのが原因。タオルを挟んで骨盤を回し、引き締めて。

肋骨　骨盤　脚

1

膝のすき間に合わせて折ったタオルを脚に挟みます。

2

腰に手を置き、ゆっくりと骨盤を回していきます。

3

左右交互に回します。視線は前を向いてやりましょう。

4

膝をしっかりつけて、半円を描くように回します。

POINT

膝の間に挟むものは、自分の膝のすき間に合わせて調整しましょう。タオルを落とさないように太ももの内側にしっかり力を入れて。

お尻の筋肉を意識する
ヒップアップ

オフィスなどでずっと座ったままの姿勢でいると、お尻の筋肉はどんどん衰えてきます。しっかりお尻の筋肉を動かして、骨盤のゆがみも調整していきましょう。

エクササイズ 1

左右10回×5セット

脚を上げてヒップ下のお肉を刺激する

お尻の下部分に脂肪がついてしまって、垂れ尻が気になる人におすすめ。お尻の付け根部分からふくらはぎまで曲がらないように上げましょう。

肋骨　骨盤　マット

1

両手両膝をついた状態からスタート。まず片脚を床と平行にゆっくり上げます。

2

お尻の付け根からふくらはぎまで曲がらないようにさらに上げて 1 ～ 2 を繰り返します。反対の脚も同様に。

POINT

頭はしっかりと上げたまま、脚だけでなくお尻の付け根部分から動かす意識でやります。脚を上げるときは息を吸いながら行って。

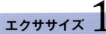

左右10回
×5セット

エクササイズ2

さらに脚をひねって、お尻の上部を鍛える

脚を上げることでヒップの筋肉を刺激します。さらに少し斜め上に上げることでヒップの上部を鍛えられ、扁平尻の調整に。

肋骨　骨盤　マット

1

床に両肘両膝をついた状態になり、頭はしっかりと上げます。

2

息を吸いながらゆっくりと床と平行に片脚を上げていきます。

3

さらに脚を斜め上に上げます。股関節がゆるむことで骨盤の調整も。反対の脚も同様に。

POINT

床についている脚が動かないように注意しましょう。股関節をゆるめる感覚で、斜め上に脚を上げるのがポイント。ゆっくりと行って。

エクササイズ 3

20回×3セット

ヒップ上下部に刺激を与える

お尻の筋肉の中で一番大きい大殿筋とその中にある中殿筋を鍛えます。大殿筋の衰えは骨盤のゆがみとも関わるので、しっかり鍛えて。

肋骨　骨盤　マット

1

うつぶせになり足首をクロスして、膝から下を上げます。

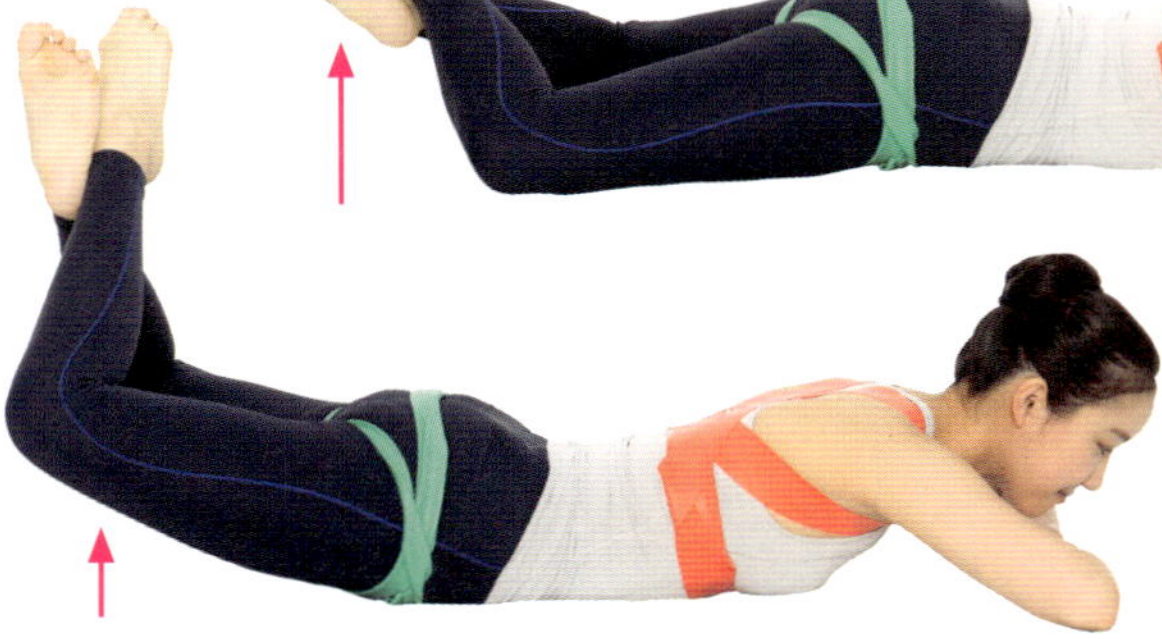

2

そのままさらに上に上げます。おなかは床につけたままで。

3

クロスする足首を反対にして、1のような姿勢に戻ります。

4

同じように上に上げます。これで1回。ヒップの上下が刺激されます。

POINT

膝下を持ち上げるときは腰が浮かないように注意を。脚は大きく上下に動かし、大殿筋を動かしている意識でエクササイズしましょう。

エクササイズ 4

左右10回
×3セット

骨盤のゆがみを調整しながらヒップをストレッチ

股関節を回すエクササイズ。普段あまり動かす機会のない股関節をゆるめ、骨盤を調整し、ヒップを正しい位置へ戻していきます。

肋骨 骨盤 マット あおたけ

1 片方の膝を曲げて胸のあたりまで引き上げます。

2 そのまま股関節から外側へゆっくり回転させます。

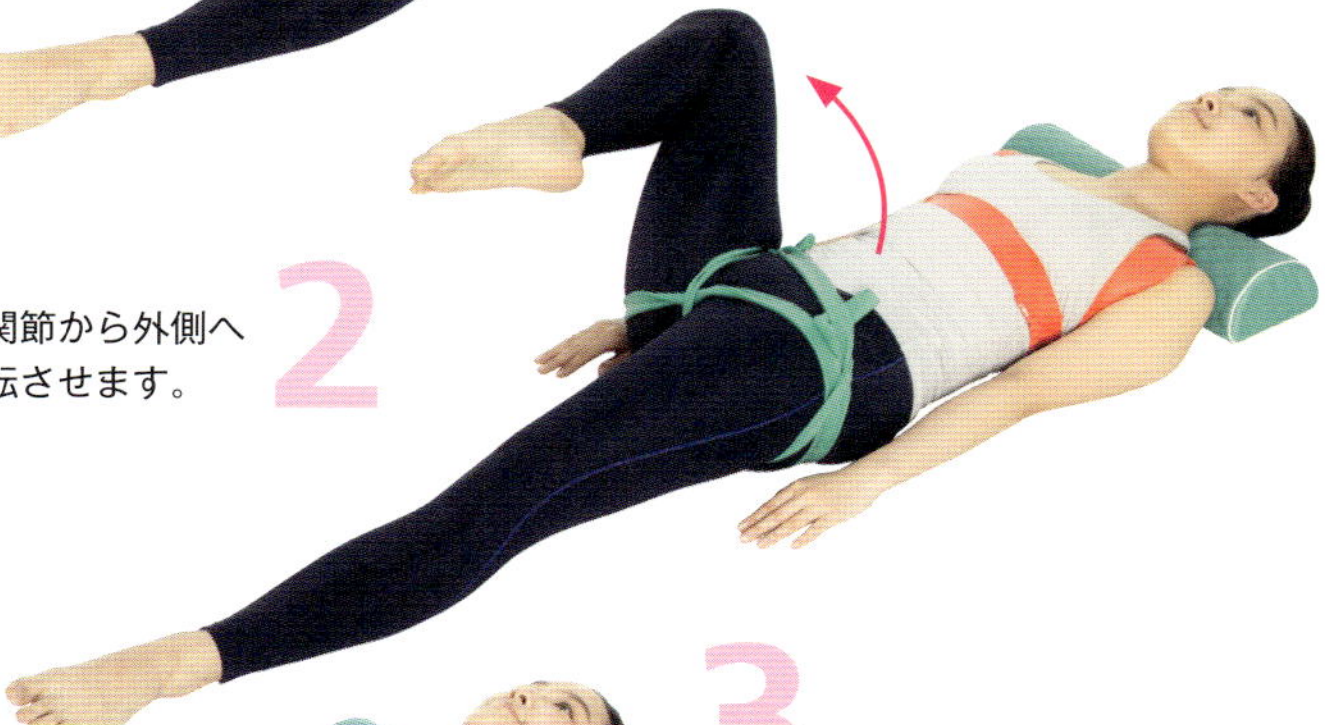

3 脚が床に触れないよう元の位置に戻します。反対の脚も同様に。

POINT

骨盤がゆがまないように、腰はなるべく動かさず、股関節だけを回すイメージで。股関節の存在を意識することにも繋がります。

これでもOK！

腰が動いてしまう人や股関節が硬い人は太もも部分を手で持って回しても効果が得られます。

骨盤を整えて、腹筋を鍛える
おなかすっきり

骨盤を整えるのと同時に、おなかの中の腹直筋、腹斜筋などを鍛えましょう。体幹を鍛えるエクササイズが深層筋の動きを刺激するので、引き締め効果も。

エクササイズ 1

20回

骨盤を整える

骨盤が後傾しているとぽっこりおなかになりがちに。骨盤を立てている状態を作ることで、大腰筋や腸骨筋が鍛えられておなかもすっきりします。

肋骨　骨盤　マット　あおたけ

1

あぐらをかいた状態で座ります。手にあおたけを持ち、軽く上に上げつつ、おなかを引っ込めて、骨盤を後ろに引いた状態にします。

2

そのまま、まっすぐあおたけを持ち上げて、背筋を伸ばしながら、おへそを前に突き出すように。1～2を繰り返します。

POINT

猫背にならないように背筋はきちんと伸ばすように。おなかを引っ込めるときはゆっくり息を吸って吐きながらエクササイズを。

左右10回×3セット

エクササイズ2

腸腰筋を鍛える

腸腰筋が衰えると代謝が落ち、太りやすい原因にもなります。膝の位置が股関節より上になるまで太ももを上げることで、腸腰筋が使われ、ぽっこりおなかの解消に。

肋骨　骨盤
マット　あおたけ

1

膝を立てて仰向けの姿勢になります。

2

片方の膝を曲げたまま、胸のほうにぐっと近づけます。

3

90度の角度になるようにゆっくり脚を動かし、2～3を繰り返します。反対側も同様に。

POINT

もも上げを寝ころんだ状態でしている感覚でやるとスムーズ。立って行うより楽にエクササイズできるので、幅広い世代におすすめ。

20回×
3セット

エクササイズ3

膝タッチで腹筋を鍛える

腹直筋を鍛えるエクササイズ。ぽっこりおなかを解消します。腰が動かないように安定した状態をキープして、運動しましょう。

肋骨　骨盤　マット

1

仰向けに横になり、両膝を曲げてからスタート。

2

上半身を起き上がらせ、左の膝を右手でタッチします。

3

1の状態に戻り、逆側もタッチして1回。左右繰り返します。

POINT

できる人は肘でタッチしてもOK。リズミカルにやりましょう。腹筋が弱い人は最初は無理せず、5回ぐらいから挑戦して。

エクササイズ 4

左右10回×3セット

腹斜筋を鍛えてくびれを目指す

体幹トレーニングにもなりつつ腹斜筋を鍛えることができ、ウエストのくびれにききます。身体全体のバランスも整えます。

肋骨　骨盤　マット

1

側臥位になり、肘は床につけてスタート。

2

床と平行に身体を上に持ち上げ、肘と足で支えます。

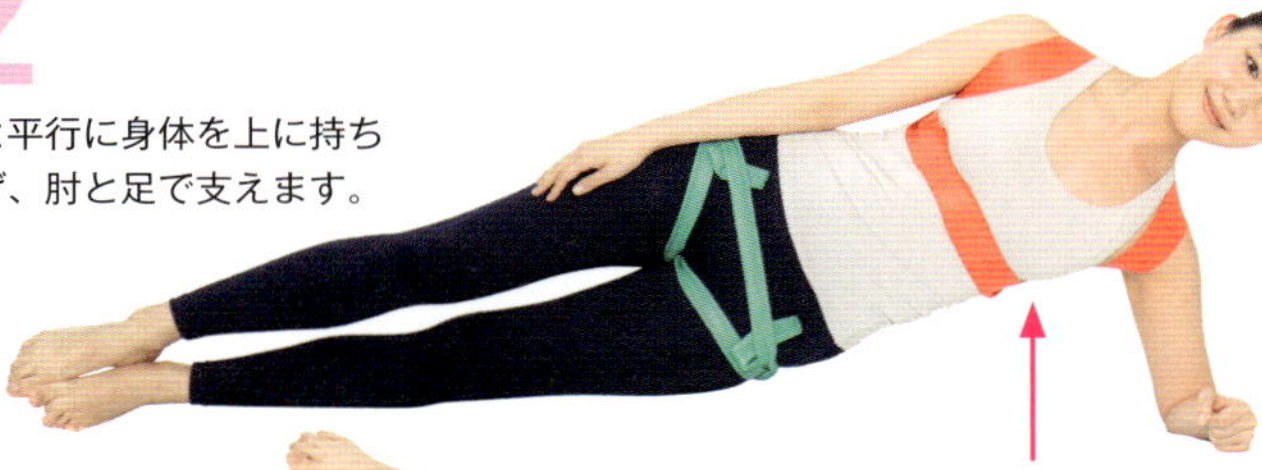

3

その状態をキープしたまま脚の上下を繰り返します。反対側も同様に。

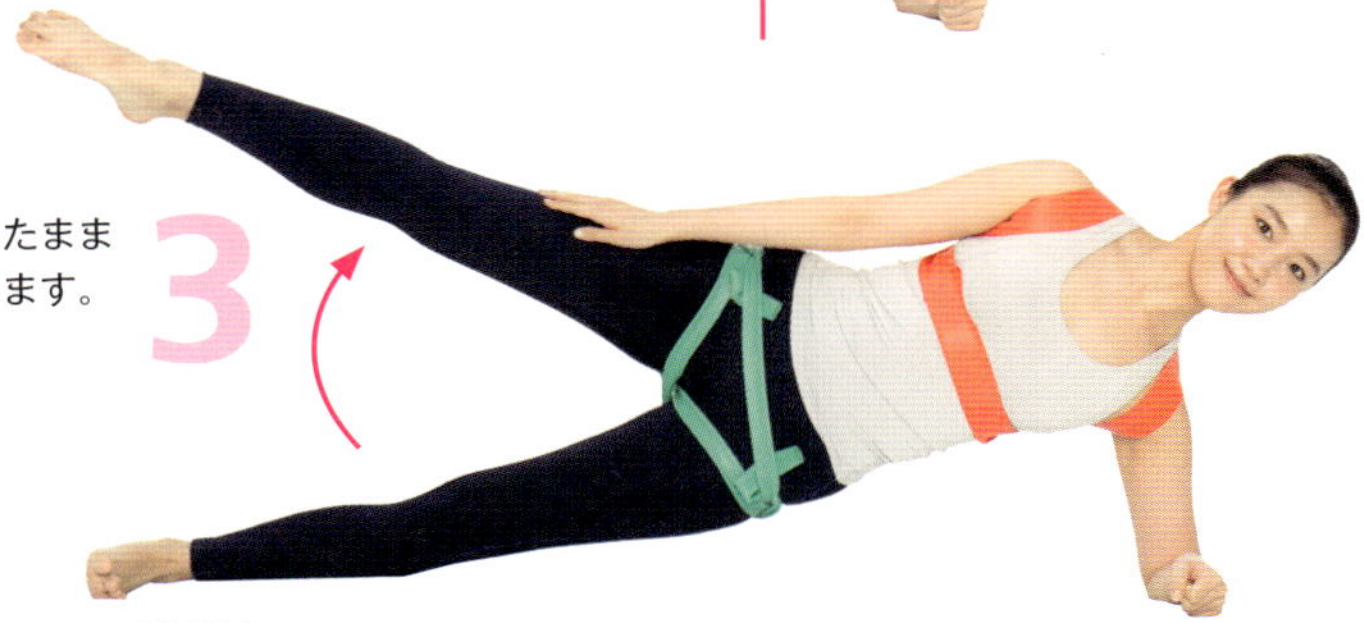

身体を支えるのがつらい人はこれでもOK！

腰を床につけた状態で脚を上下するエクササイズでもOK。脚を上げるときに腹斜筋を意識して。

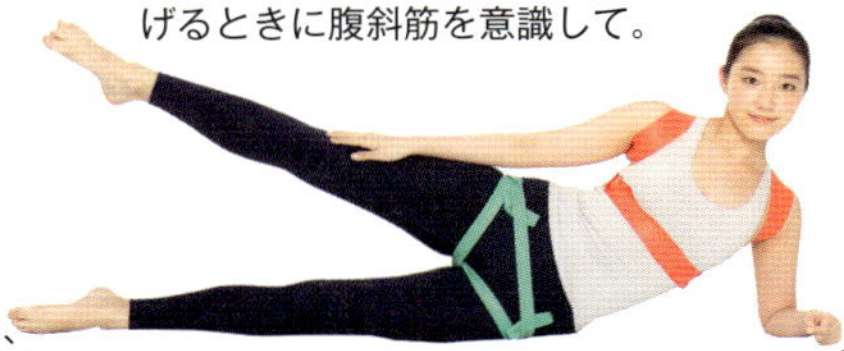

POINT

2の姿勢をキープできるかがポイント。体幹が鍛えられるので骨盤のバランスが整います。脚の上げ下げは無理しない程度の高さでOK。

胸を開いて美姿勢をキープ

バストアップ

「美の三大アーチ」が崩れると、バストまで下がりぎみに。バストを支える大胸筋の衰えも原因の一つです。姿勢と大胸筋の二方向からバストアップを目指して。

エクササイズ 1

10回×3セット

合掌ポーズから腕を上げて大胸筋を鍛える

筋肉をつけるというより、筋肉を刺激するというエクササイズです。姿勢をよくしてやることがポイント。胸の筋肉を意識しましょう。

肋骨　骨盤

1

胸の前で両手を合わせて、合掌ポーズに。

2

そのまま手のひらで押し合うようにしながら腕を上げます。

3

ぐっと頭の上でキープ。背筋が伸びます。1～3を繰り返して。

POINT

腕に力を入れすぎると疲れてしまうので注意を。合掌ポーズから腕を上げることでバスト全体がアップする効果が期待できます。

エクササイズ 2

10回×3セット

胸を反らして美姿勢に

猫背ぎみな人はぜひトライを。胸を反らすことで、胸が開いて筋肉がほぐされ、ストレッチ効果が生まれます。肩こりにも効果あり。

肋骨　骨盤

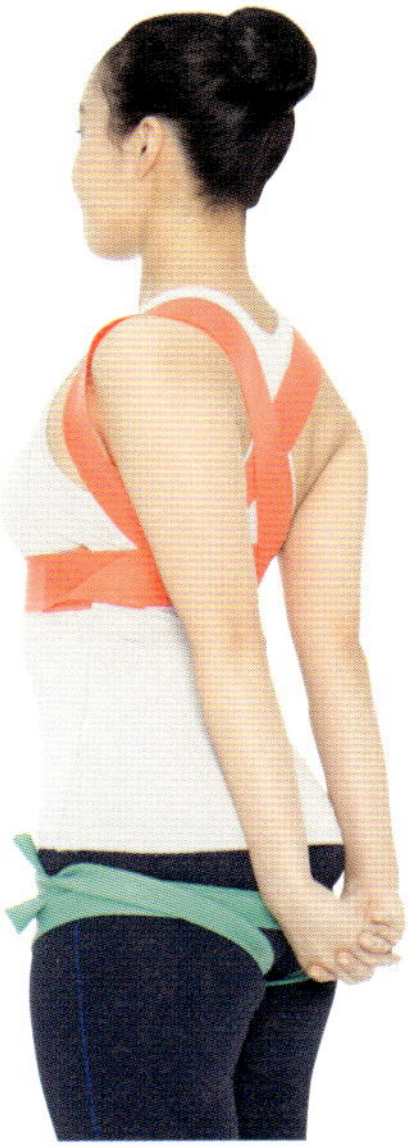

1

両腕を後ろに回して、指を組みます。

2

そのままぐっと上げます。肩甲骨を中心に寄せる感覚で。

3

胸をぐっと反らしながら、上下を繰り返します。

POINT

腕を上げると同時に肩甲骨が中心に寄っているのを意識して。胸を反らすポーズになると胸がしっかり開きストレッチになります。

10回×
3セット

エクササイズ 3

肩甲骨を動かすことで胸が自然に開く

肩甲骨を動かすと広背筋、僧帽筋を鍛えることができ、胸が開いてデコルテラインが美しくなります。積極的に動かしましょう。

肋骨　骨盤

1

両手を肩にのせます。

2

胸の前で両肘を合わせます。背筋は伸ばしたままで。

3

腕を耳の後ろに回していきます。肩甲骨が回っているのを意識して。

4

肩が上がっている状態で両腕を平行に開きます。

5

２の状態に戻り、繰り返します。自然に肩甲骨が回っています。

POINT

猫背のままでやらないこと。必ず背筋を伸ばしてやりましょう。視線を前に向けるようにするとエクササイズしやすくなります。

動かさない部分をストレッチ

二の腕シェイプ

二の腕のたるみは「美の三大アーチ」が崩れ、肩が前に出て肩の関節の動きが悪くなることが原因です。まず肩甲骨をほぐすためにストレッチと軽い運動からトライしましょう。

エクササイズ 1

10回×3セット

肩甲骨をほぐす

肩甲骨が固まっているとリンパの流れが悪くなって老廃物が溜まり、脂肪がつきやすい状態に。肩甲骨をしっかりほぐしましょう。

肋骨　骨盤

1

両腕を後ろに回して指を組みます。上がるところまで腕を上げ、左に動かします。

2

そのまま腕を右へと動かします。1～2を繰り返して。

POINT

姿勢をよくしてやりましょう。腕は上がるところまで上げればいいので無理しないように。腰は動かさないように注意して。

10回×
3セット

エクササイズ 2

腕をしっかりのばしてストレッチ

腕をのばすことによってリンパの流れをよくして、筋肉に刺激を与えます。ゆっくり呼吸しながらやるとリフレッシュにも最適。

肋骨　骨盤

1

両腕を後ろに回して指を組みます。

2

上がるところまで腕を上げます。

3

そのまま身体を90度倒して両腕もさらに上げ、大きく息を吐きます。

POINT

腕はしっかり伸ばすように。身体を90度に倒したときは膝が曲がらないように注意し、ゆっくりストレッチする感覚でやりましょう。

エクササイズ 3

壁ドンで二の腕部分を動かす

上腕三頭筋を手軽に鍛える方法です。壁に手をついて、二の腕部分を小刻みに回して動かすことで筋肉に刺激を与えます。

肋骨　骨盤

左右20回×3セット

1

壁に手をつきます。手をついたまま、二の腕の筋肉を意識して内側に動かします。

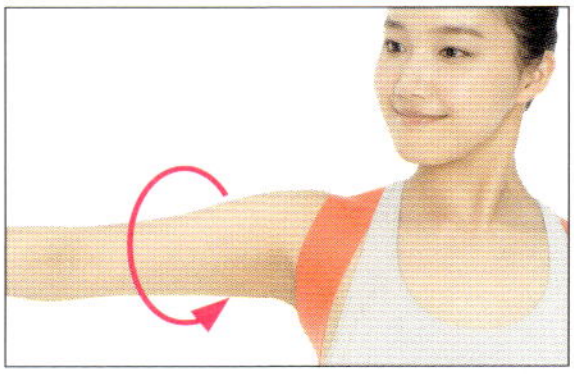

2

今度は二の腕を外側に動かし、小刻みに繰り返します。反対の腕も同様に。

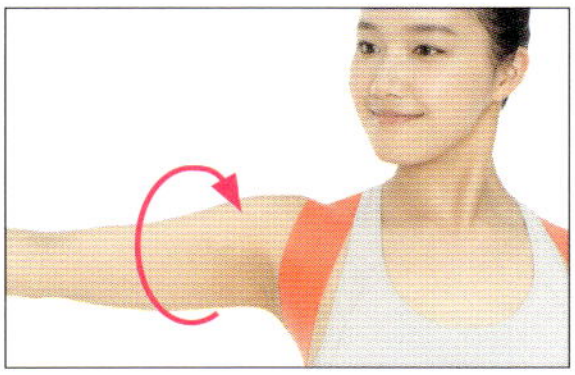

POINT

手首や肩で回すのはNG。二の腕部分のみ回すようにします。二の腕部分が震える感じで動いていたらOKです。

首のアーチを整えて小顔効果も期待

首すっきり

顎が肩より前に出ていることはありませんか?
これは首のアーチの崩れによるものです。
このアーチが崩れると首が太くなり二重顎の原因に。
首のラインを伸ばしてしっかりストレッチを。

エクササイズ 1

左右10回

左右にコロコロしてアーチを整える

顎の高さを安定させることで首のアーチを整えます。左右に首を傾けてバランスをとって調整を。リラックスしながら行って。

肋骨　マット　あおたけ

1 あおたけに顎をのせてうつぶせに。

2 あおたけに置いた顎を支点に頭をゆっくり左に動かします。

3 同様に顎を支点にゆっくり右に動かし、左右繰り返します。

POINT

左右にコロコロ動かす感覚でストレッチを。こうすることでアーチのバランスが整います。肩は動かさないように注意しましょう。

エクササイズ 2

左右10回

首のラインを伸ばす

首が縮こまっているとリンパの流れが悪くなり、首が太くなってしまいます。側頭筋から伸ばすことでしっかりと首が伸び、すっきりとしたラインに。

肋骨　マット　あおたけ

1 首の後ろの部分にあおたけを置いて安定させます。

2 顔を少し上に傾けます。

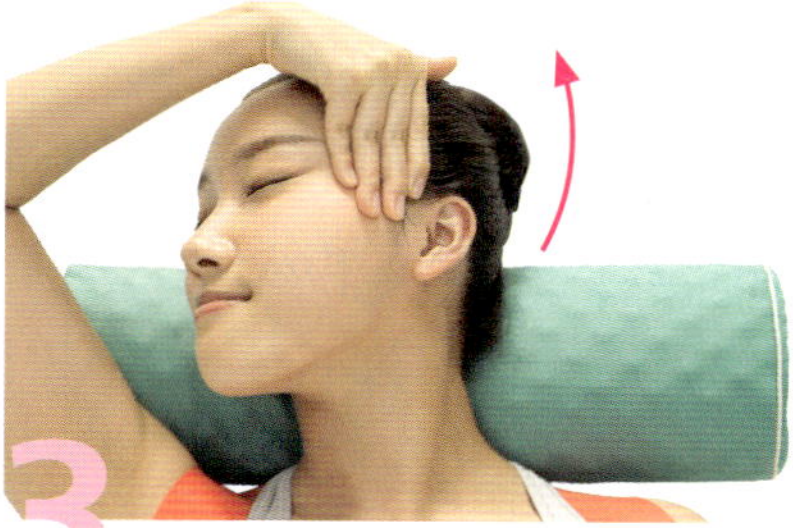

3 傾けた側の手でこめかみ部分を上に引っ張ります。

4 側頭筋を伸ばしている意識でさらにぐっと上に引っ張ります。

5 反対側も同様に。左右交互にエクササイズします。

POINT

肩から首筋が伸びていることを意識してやりましょう。側頭筋が伸びると顔のたるみや二重顎の対策に効果が期待できます。

フェイスラインをすっきり 小顔

首のアーチの崩れは顔のたるみやむくみも引き起こしてしまいます。首のアーチを整えながら顔の筋肉をリラックスさせて解消させましょう。

エクササイズ 1　10回

首から伸ばしてむくみを解消する

首のアーチをあおたけなどで安定させ、首を伸ばして顔全体の筋肉をストレッチすることでリンパの流れをよくします。

肋骨　マット　あおたけ

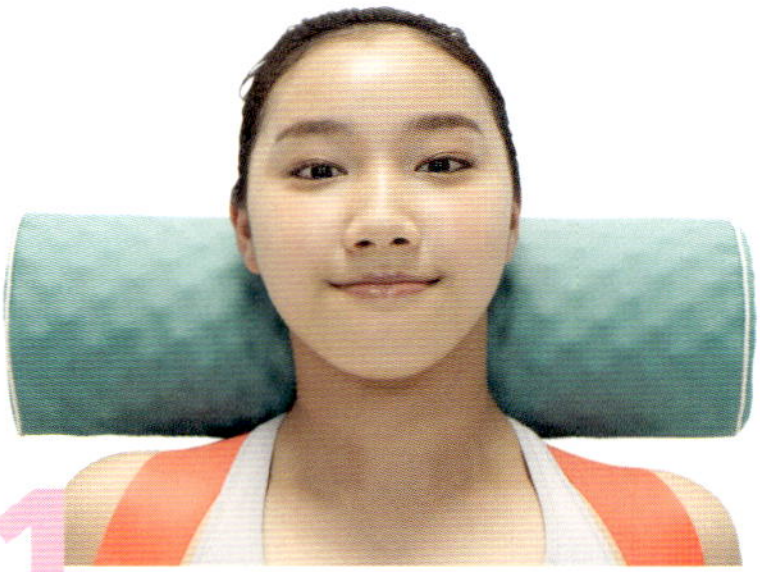

1 あおたけで首のアーチを安定させます。

2 片手を額の上に置きます。

3 もう一方の手をさらに手の上にのせます。

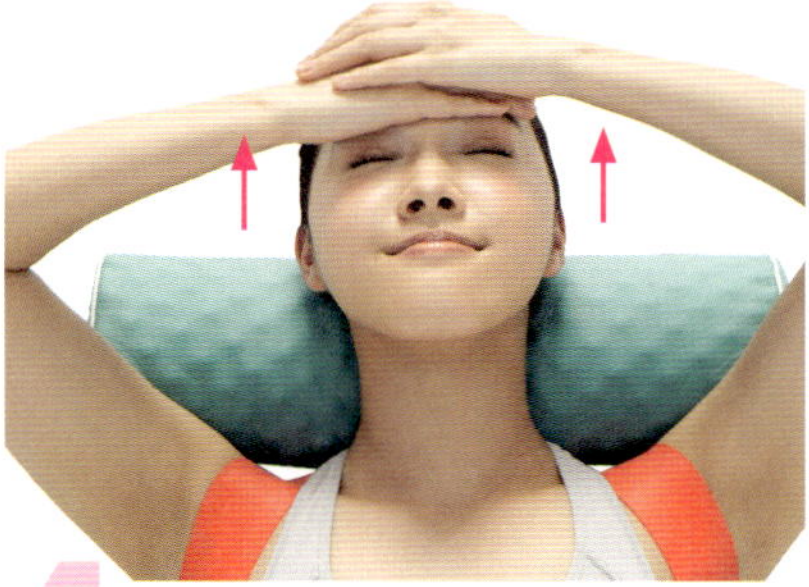

4 そのままぐっとゆっくり上に引き上げます。これを繰り返します。

POINT

ゆっくり引き上げる感覚でやりましょう。首から顔全体の筋肉が伸びるのを感じながらストレッチを。

エクササイズ 2

左右10回

フェイスラインを引き上げる

下がってしまったフェイスラインをケアします。首のエクササイズ同様に側頭筋を引き上げることでたるみ解消にもなります。

肋骨　マット　あおたけ

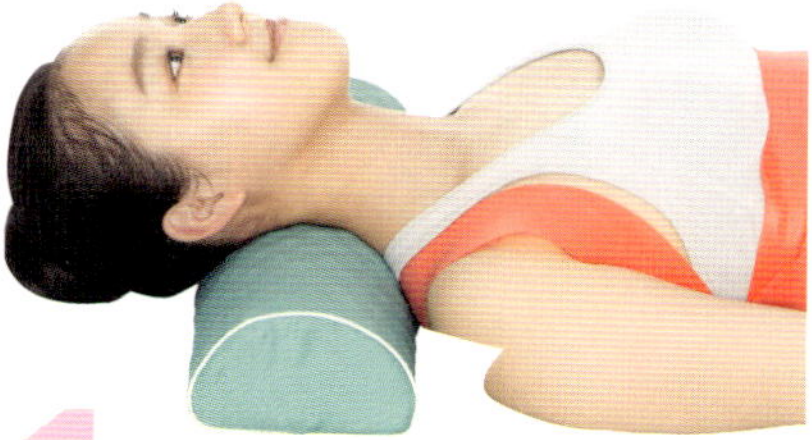

1 あおたけで首のアーチを安定させます。

2 顔をどちらかに少し傾けます。

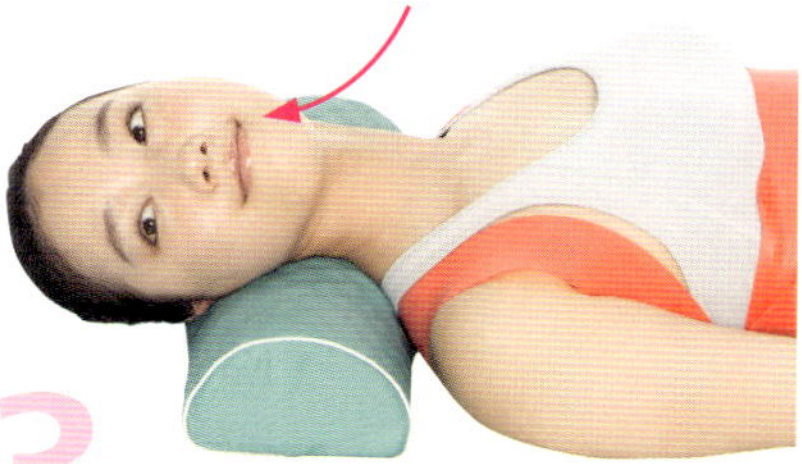

3 顎が上を向く感覚で首をのばします。

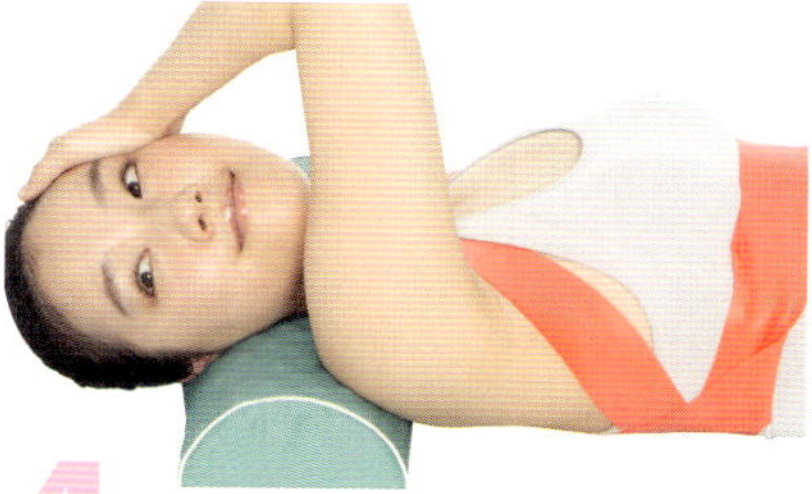

4 向いてる方向の手を額の外側に優しく置きます。

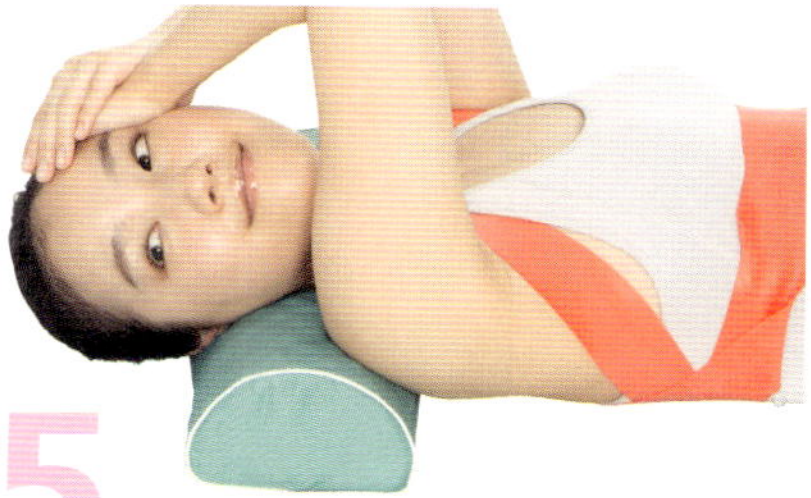

5 もう一方の手を重ねます。

6 そのまま上に引き上げるようにゆっくりのばします。反対側も同様に交互に繰り返します。

POINT

上に引き上げるイメージで側頭筋を伸ばしましょう。少し圧をかけるようにしてやると、よりのびている感覚になります。

Column 3

ゆがみを調整してバストアップにもきく

オフィスでもできる！ 簡単エクササイズ

　デスクワークなどをしていると、どうしても同じ姿勢でいることが多くなり、猫背や骨格のゆがみの原因になってしまいます。そんなときにおすすめなのが肩甲骨回し。肩甲骨を回すことで筋肉の緊張をほぐし、首まわりが楽になります。下の写真のように、肩を回すようにするだけなので、ちょっとした休憩タイムや座ったままでもできるのもポイントです。10回ぐらい動かすだけでも姿勢が整い身体もほぐれて血流もよくなるので、リフレッシュにもなり、フェイスラインもすっきりすることが期待できます。

〈 肩甲骨を回して、姿勢を正そう 〉

3　次に肩を前側に動かし、これを繰り返します。

2　少し胸を反らして肩を後ろ側に回します。

1　まずは両肩をまっすぐ上に少し上げます。

PART 4

美肌をかなえる
お悩み別
セルフケア＆
トリートメント

肌のトラブルには内的要因と外的要因がある

吹き出物、シミなど肌の悩みは尽きませんが、こうしたトラブルを引き起こす要因には内的要因と外的要因があります。外的要因とは、環境からの肌への影響のことで、スキンケアの仕方や、職場や家での暖房や冷房の温度や湿度の影響による乾燥、紫外線の影響があげられます。紫外線の最もわかりやすい皮膚へのダメージは日焼け。日焼けは紫外線によって傷つけられた皮膚の傷跡と言えます。そのとき皮膚の中では、細胞内のＤＮＡ破壊、ビタミン破壊が起こり、それらが皮膚を老化へと導くのです。他に活性酸素と呼ばれるフリーラジカルも主な外的要因です。これは、紫外線、タバコ、排気ガスなどの有害物質やストレスが体内で化学反応を起こして発生させる有害酸素です。その活性酸素が体内を酸化させ、さまざまな老化現象となって現れるのです。ゆえに紫外線予防や活性酸素を増やさないための食事やスキンケアが大切になるのです。
ですが、肌トラブルの要因のもう一つ、内的要因とは、身体の中からの肌への影響のことで、これは「美の三大アーチ」のアンバランスが大きく関係してきます。骨盤のゆがみによる「美の三大アーチ」のアンバランスが起こると、ホメオスタシス（恒常性維持機能）、神経、ホルモン、免疫に大きく影響を及ぼします。例えば、女性ホルモンの分泌がきちんとしていると、肌は潤いがあってなめらかで、ハリや弾力のある透明感あふれる美しい状態になります。ですが、アーチが崩れることにより卵巣が影響を受けると、女性ホルモンの分泌に影響を与え、さまざまな肌のトラブルを引き起こします。このようなホルモンバランスの乱れは更年期のときにも見られます。こうした肌に現れるメッセージの要因を解決しない限り、肌トラブルは解消できません。

このように肌のトラブルを予防するには内的要因と外的要因のどちらか一方をカバーするだけではダメ。紫外線予防や活性酸素発生を抑制するためのスキンケアを続け、「美の三大アーチ」の崩れを調整するエクササイズなどを行い、内外、両方からアプローチすることが必要となるのです。

皮膚の機能を知って
スキンケアに取り入れる

肌、つまり皮膚は身体の中で最も大きな臓器です。肌は、空気中に飛んでいる目には見えないチリやほこり、ウイルスや排気ガスによる重金属などを身体の外から中へ入れないようにし、身体の中の水分などが外へ出ないようにしている一番外側の強度の高いバリア機能です。それとともに肌は内臓の鏡とも称され、身体の中の状態が皮膚に現れると言われています。例えば、肝機能が低下すると肌にくすみが出たり、じんましんを引き起こしたり、心臓が悪いと皮膚が青白くなります。黄疸を起こせば皮膚が黄色く変色するのも、肌のそういった機能によるものです。

また、皮膚は表皮・真皮・皮下組織の3層で構成されていて、それぞれ重要な役割を果たしています。表皮はわずか0.2ミリほどですが、紫外線や化学物質などの侵入を防ぎながら、物質的な衝撃からも身体を守りつつ、反対に体内の水分が失われすぎないように保護もします。その中でも一番上の角質層は、約28日間かけて垢となって剥がれ落ち、新しい角質層へと生まれ変わるもので、これが肌の質感や見た目の美しさを左右しています。その下の真皮層は表皮の内側にあり、皮膚の95%を占めるもの。主にコラーゲンやエラスチンなど、タンパク質線維で生成されていて肌のハリ、弾力に関わります。皮下組織には皮下脂肪が蓄えられます。このように一口に肌といっても実にさまざまな働きがあります。

皮膚がきちんと機能するためにも、皮膚表面や深部を清潔に保ち、皮膚の生理機能を活性化し、潤いを保ち、光老化から肌を守るためのスキンケアをすることが大切です。

〈皮膚の構造〉

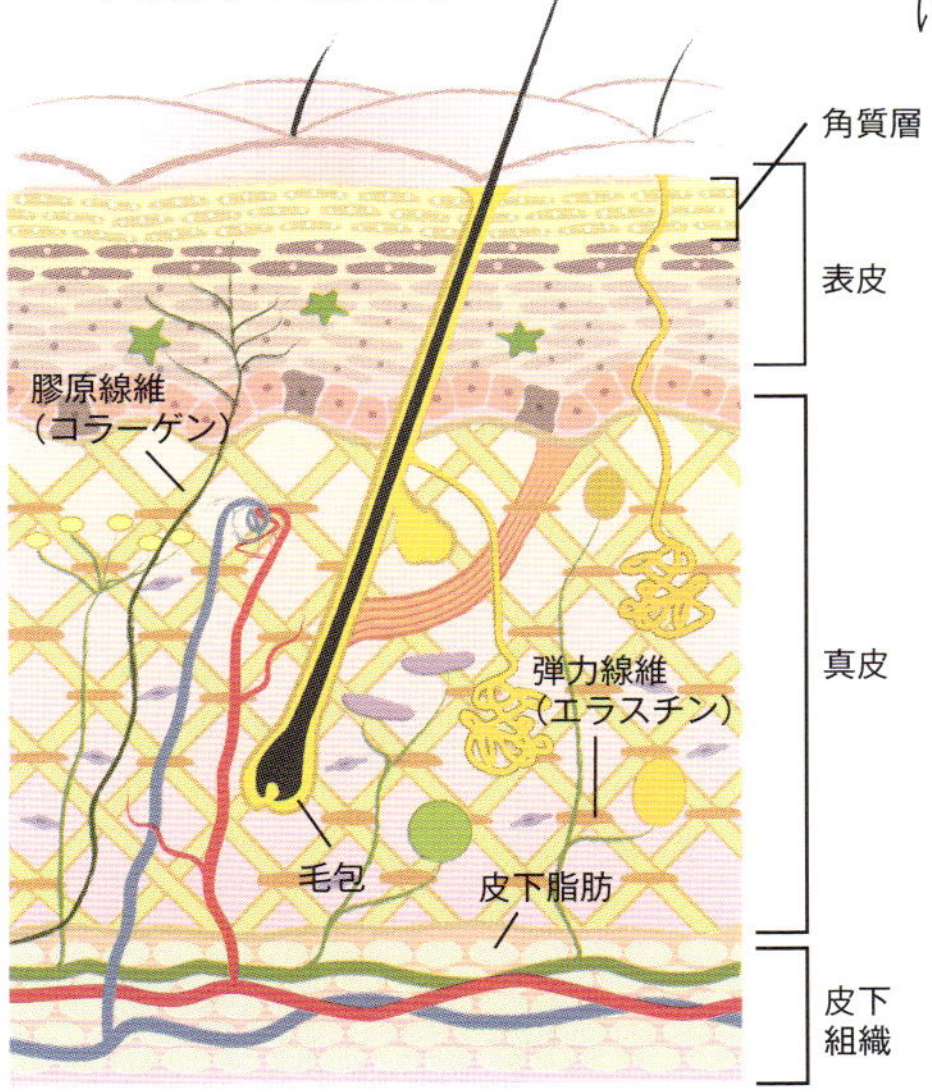

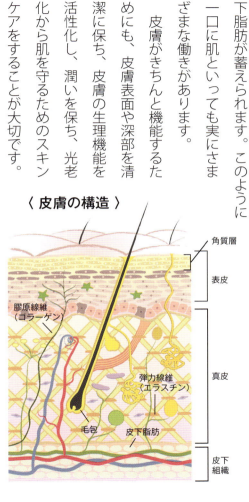

普段のお手入れに取り入れたい簡単フェイストリートメント

入浴中やお風呂上がりにできるトリートメント。悩みに関係なく、毎日のケアに取り入れれば肌の老廃物を取り除き、リラックス効果も。

はじめに…

マッサージクリームは500円玉大くらいを顔全体になじませる

500円玉大のマッサージクリームなどを顔全体になじませます。これをつけないと肌を傷めてしまったり、指の滑りもよくないので、必ずつけるように。

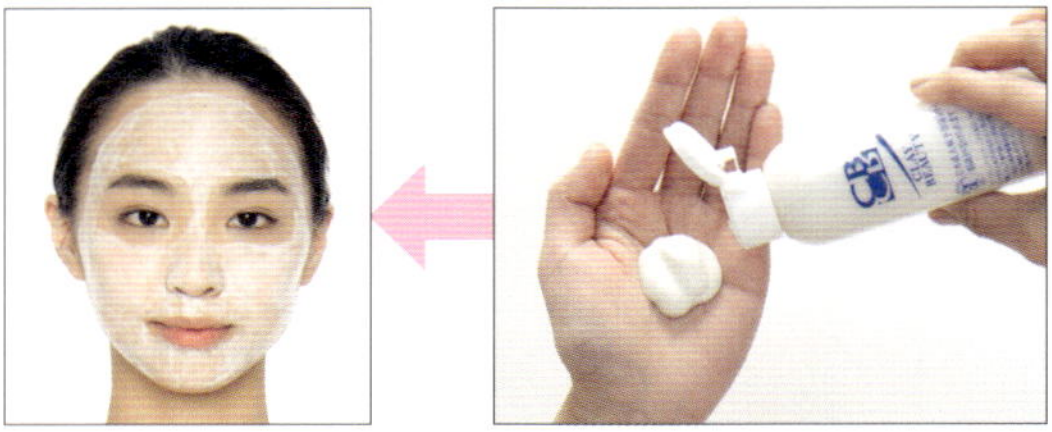

全体に塗布する。

1 まずは顎から上へ、内側から外側へ円を描くようにトリートメントする

顎から始まり、口元の次は頬へと順番にケアしていきます。円を描くように優しくするのがポイントです。

2 額部分も3か所に分けてトリートメントする

眉の上、さらに額の中心、額の上部、と3つのラインに分けてケアすることで顔全体の筋肉がほぐれます。

3 まぶたや目のまわりを優しくトリートメントする

上まぶたを3回。さらに目の下も3回、目の下から眉間を通りこめかみまで3回、優しくトリートメントします。

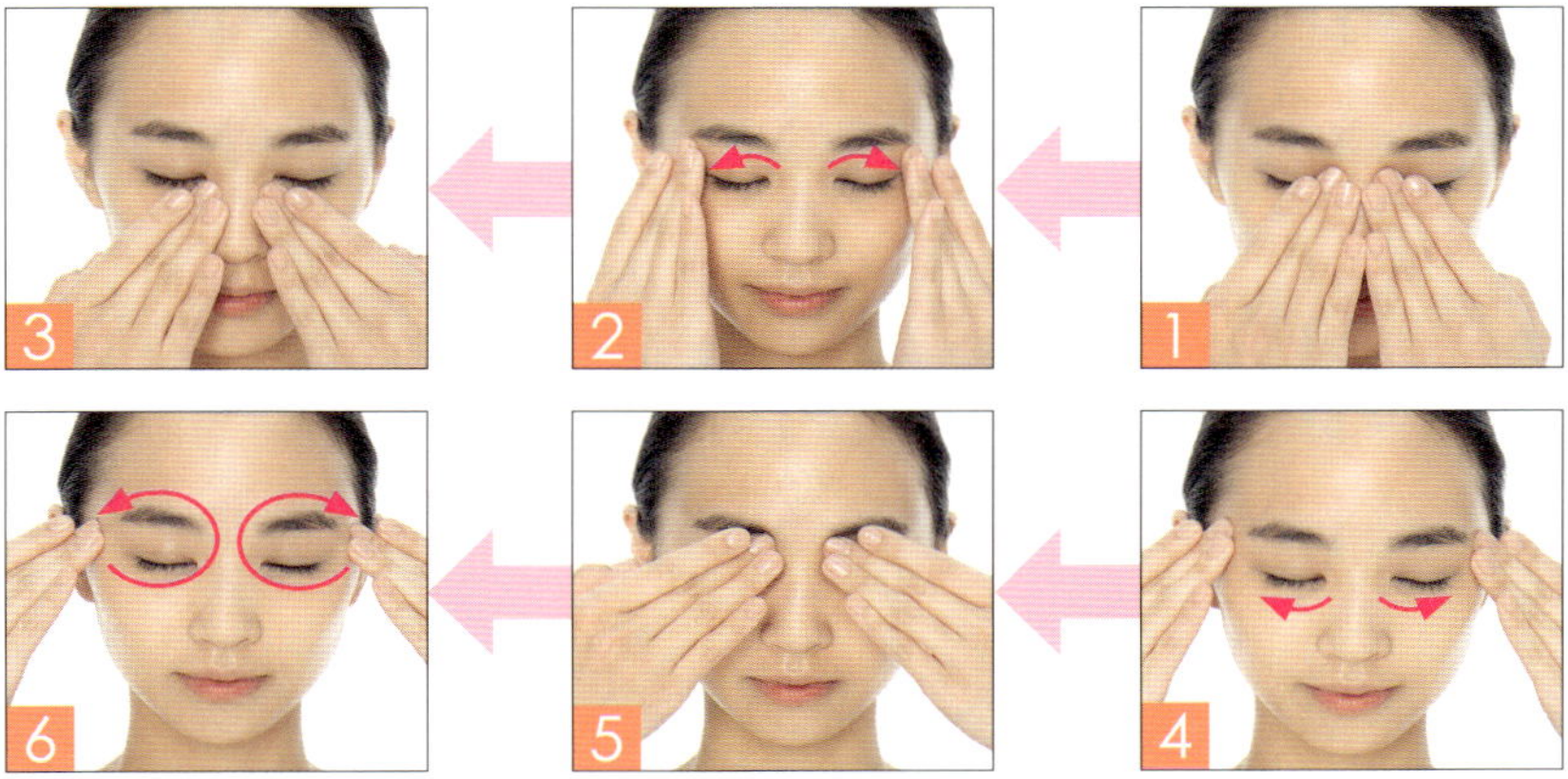

4　目元、額、頬、フェイスラインをトリートメントする

もう一度目元、額をトリートメント。その後、頬からこめかみ、フェイスラインを顎から耳下まで、各3回繰り返します。

●目元

●額

●頬

●フェイスライン

5 最後に目の下、額、顎から頬をトリートメントする

最後に大きく目の下、額へ、顎から頬へとトリートメント。
終わったら、マッサージクリームを洗い流しましょう。

●目の下からこめかみへ

●額からこめかみへ

●顎から頬へ

●頬からこめかみへ

●顎から頬へ

自宅でトリートメントするときの注意点

手や顔は清潔な状態にしてお手入れを。また、強く押したり、マッサージクリームをつけずにやると逆に肌を傷つけてしまうので気をつけましょう。

手や顔は清潔な状態でお手入れする

手や顔に汚れがついたままスキンケアをすると、汚れが顔全体に広がってしまいます。きちんと洗ってから清潔な状態でしましょう。

マッサージクリームを使って、肌を傷つけないようにする

何も塗らずにケアすると、肌を傷つけてしまいます。また指や肌の滑りもよくありません。各ページでおすすめするアイテムかお手持ちのマッサージクリームを使って。

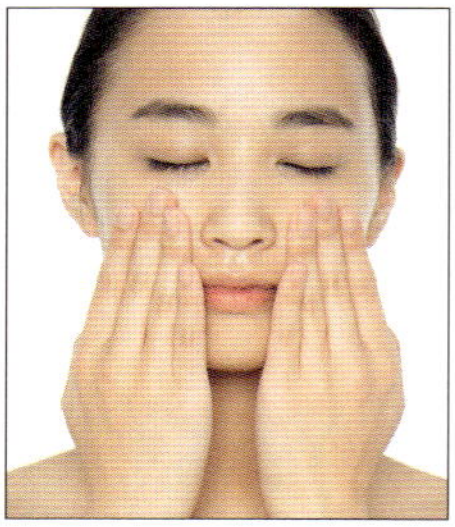

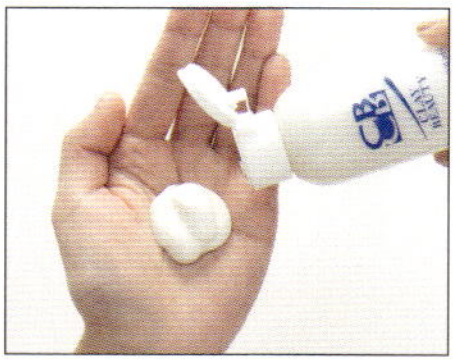

なでるようにトリートメントする

肩や腰のケアのように押すのではなく、軽くなでるように優しくするのがポイント。心地いい刺激を与える感覚でケアして。

指の腹を使ってトリートメントする

指を使うときは主に指の腹の部分で優しくケアをしましょう。そのときは必ず指先も清潔な状態にしてケアするように。

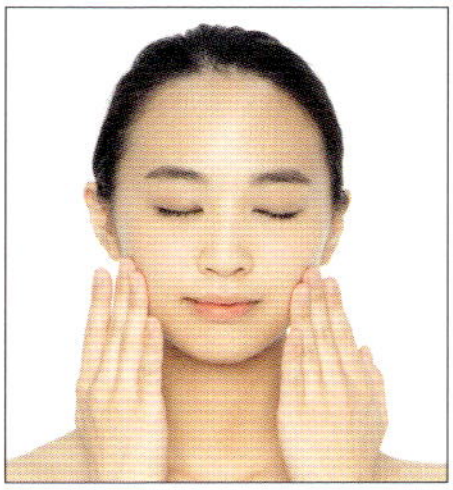

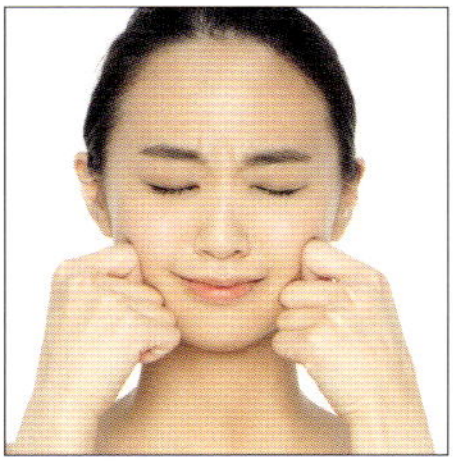

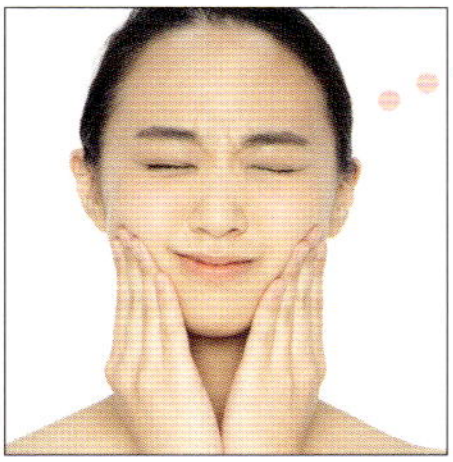

強く押しすぎに注意する

グーの状態で、ぐりぐり押すのはＮＧ。肌を傷めたり、逆にトラブルの原因にもなります。指先でも強く圧をかけるのは避けましょう。

皮膚に傷や吹き出物がある場合はその場所は避ける

ニキビや肌あれしている箇所があるときは、そこを避けてケアしましょう。触ってしまうとさらなる肌トラブルになることが。

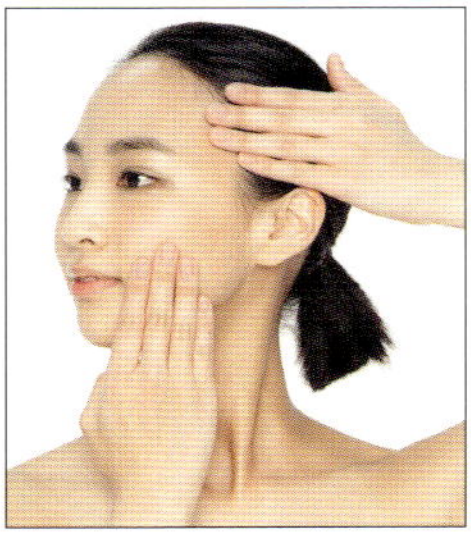

体調が悪いときは無理に行わない

身体がだるいなど体調が今ひとつのときには無理して行わないようにしましょう。体調がますます悪化する恐れがあります。

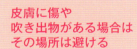

肌のモイスチャーバランスを整える

乾燥肌

肌の水分バランスが崩れると起こりやすい乾燥。
顔全体をトリートメントして水分の吸収を高め、
刺激を与えることで血液の循環をよくします。

おすすめアイテム

エクセレンスC

2分

How to Care 1

顎からおでこまでトリートメントして新陳代謝を促す

顎からスタート。まず内側から外側にトリートメント。

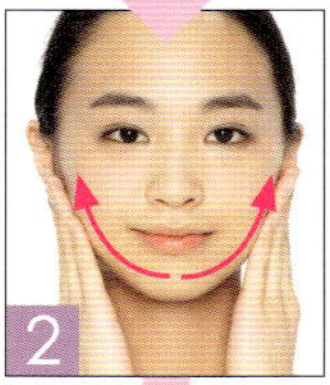

耳の近くまで指を優しく滑らせます。

次に頬。まずは軽く両手をあてます。

内側から外側に優しく動かします。

目の下にも軽く手をあてます。

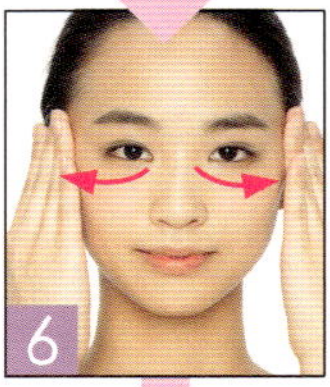

内側から外側に優しく動かします。

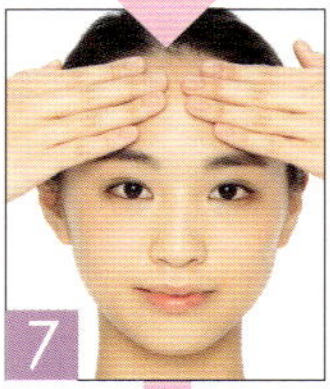

額は少し上のほうに手を置きます。

半円を描くように動かし、1～8を繰り返します。

1分

How to Care 2
ピアノタッチで
モイスチャーバランスを整える

指を少し立てた状態にして頬に置きます。

ピアノを弾くイメージで頬を指でパタパタとタッチ。

さらに上下に小刻みに動かします。

繰り返すことで血行もよくなります。

肌の内側からケア

吹き出物

睡眠不足や食生活の乱れが吹き出物の大きな原因ですが、
肌の中の水分と油分のバランスが崩れることでアクネ菌が
増殖するのも要因に。トリートメントで肌の調子を整えて。

おすすめ
アイテム

エクセレンスC

左右
5回

How to Care 1

大人ニキビには油分と水分バランスを整える

こめかみ部分に片手を置いて皮膚を引っ張りながら、吹き出物のある部分のまわりの皮膚をおさえ、少し張るようにします。

化膿している部分は避けて、吹き出物のあるあたりの内側から外側に向けて、優しく押します。

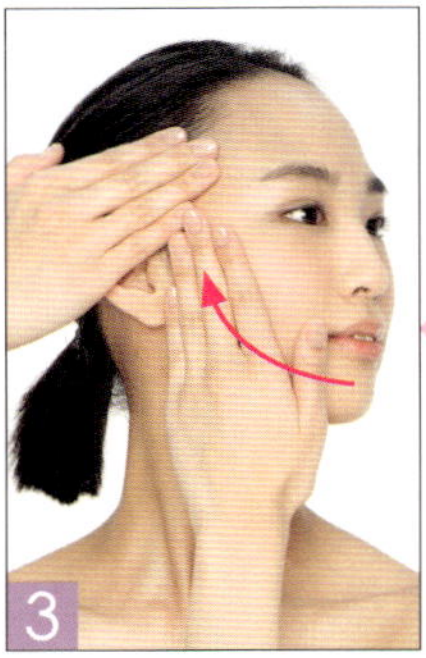

外側までケアしたらさらに繰り返して肌の血行をよくしていきます。

反対側も同様に

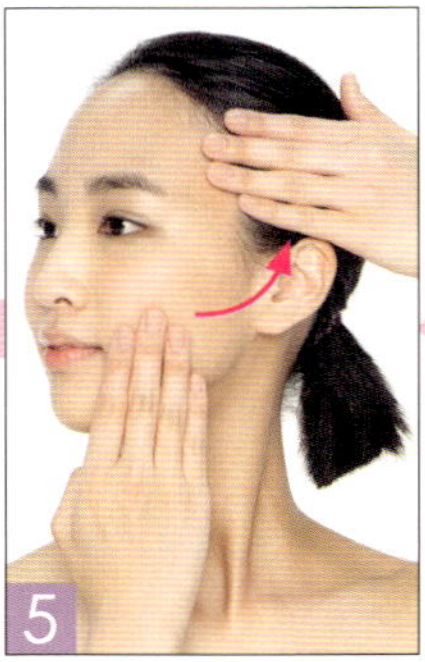

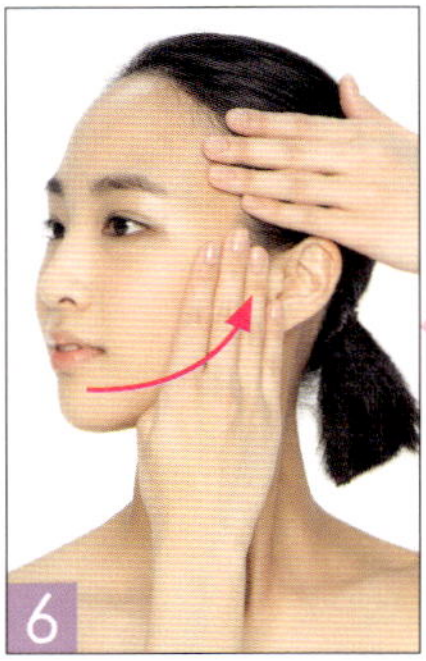

左右10回

How to Care 2
おでこなどのニキビはアクネ菌の増殖を防ぐトリートメントを

こめかみ部分に手を置いて皮膚をなめ上に引っ張り、もう一方の手は額の中心に置きます。

ゆっくりなでるように額の内側から外側へ手を動かします。

●反対側も同様に

筋肉の萎縮を優しくほぐす

ほうれい線

加齢や紫外線の影響で、肌のハリや弾力を保つ
筋肉が萎縮し、その結果できるたるみがほうれい線。
強張った筋肉をゆるめつつ、刺激を与えてたるみを解消しましょう。

おすすめアイテム

リンクルアップ

左右5回

How to Care 1

強張った筋肉をゆるめてシワをのばす

ケアしたい側の手を頬に置き、少し引っ張る状態にします。

もう一方の手の親指と人差し指でほうれい線をつまみます。

ほうれい線に対して垂直に上からつまみます。

優しくつまむことでシワがのびます。反対側も同様に。

NG

ほうれい線に対して平行につまむ

ほうれい線に対して平行につまんでしまうと、余計にほうれい線のシワを深くしてしまいます。

左右5回

How to Care 2
くるくる動かして ほうれい線をゆるめる

ケアしたい側の手を頬に置き、少し引っ張る状態にします。

まずは小鼻の近くに人差し指と中指をあてます。

ほうれい線に沿って指をくるくる動かしていきます。

リズミカルに下の方までくるくる動かします。反対側も同様に。

NG

強く押しすぎると逆にシワに！

圧を加えすぎてやってしまうのはNG。肌を傷つけてしまい、新たな肌トラブルを引き起こすことに。

肌と骨盤の両方でケア

シミ

シミができる原因には紫外線の他に、傷跡やニキビ跡、
老化、骨盤のゆがみによる女性ホルモンの低下などがあります。
肌と骨盤の両方でケアをしましょう。

おすすめアイテム

ホワイティスピュア

10回

How to Care 1
老廃物をしっかり流す

頬に手を置き、優しくトリートメントを始めます。

頬を内側から外側にケアします。

できるだけ大きな円を描くように動かして。

口元の下から外側に向かってケアします。

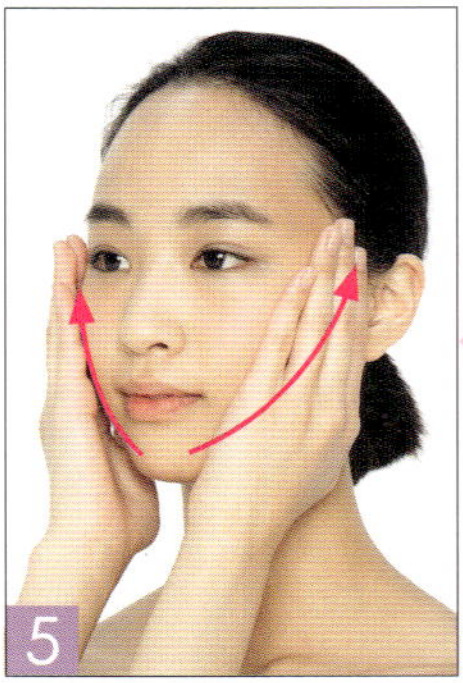

フェイスラインからこめかみまで動かします。

左右10回

How to Care 2

骨盤のゆがみを調整して内臓機能を整えていく

肋骨　骨盤

バストの下に手を置きます。脚は肩幅に開きます。

肋骨は固定したまま骨盤を回します。

前、横、後ろと順番に回します。

繰り返し行います。反対側も同様に。

他にもおすすめケア

ウエストに手を置いて、腰を回すケアもオススメ。骨盤のゆがみを調整して女性ホルモンの分泌のバランスを整えます。

頭部と顎部からリフトアップ

たるみ

加齢や表情筋の衰えにより、顔の肌はたるんできます。
フェイスラインはもちろん、顔と繋がっている頭部から
しっかり引き上げることで顔全体をリフトアップ。

おすすめアイテム

コラキューティス

10回

How to Care 1
頭部から引き上げる

●サイドから見ると

●前から見ると

1 耳の付け根部分に親指を置きます。

2 そのままぐっと上に引き上げます。顔全体が引き上がります。

10回

How to Care 2
フェイスラインを引き上げる

顎の先を軽くつまむような感覚で、指を置きます。

フェイスラインに沿って軽くつまむように上に動かしていきます。

耳の下まできちんとつまんでいって、1から繰り返します。

リンパケアで老廃物を流す

むくみ

むくみは、体内を巡るリンパの流れが悪くなり、
老廃物や水分が溜まってしまうことで起こります。
デコルテ部分のリンパケアを念入りにしてむくみの解消に。

おすすめアイテム

バーニングセル

左右5回

How to Care 1
顎部から頸部までリンパケアする

首を少し傾けて、耳の下に手を置きます。

ゆっくり首から肩へ手を滑らせます。

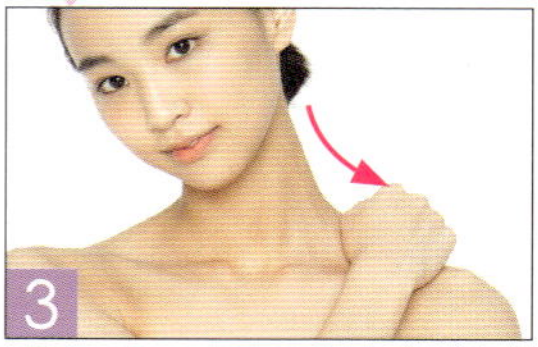

肩まできたら、少し押します。1～3を5回繰り返します。

首を少し傾けて、顎先に手を置きます。

ゆっくりフェイスラインの下から上へ滑らせます。

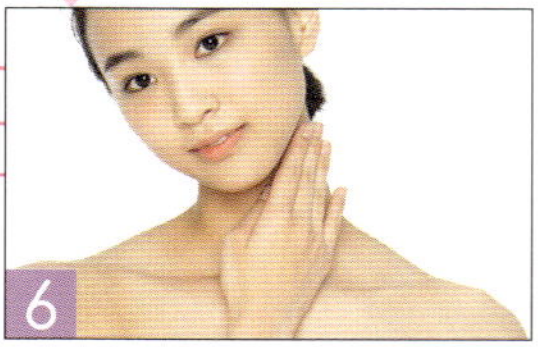

耳の下まで滑らせたら少し押し、7へ。4～6をまた繰り返し8へ、4～6を繰り返し9へ。

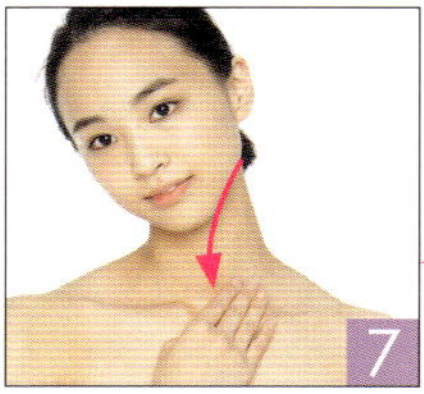

耳の下から手を滑らせて頸部のリンパを押します。

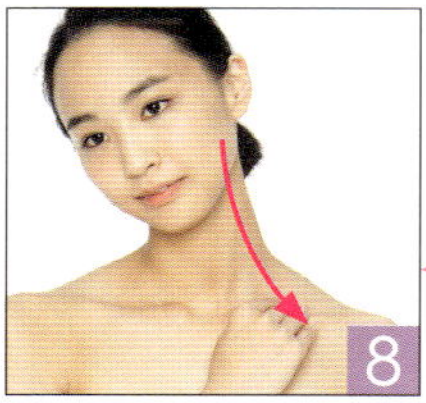

耳の下から手を滑らせて鎖骨のリンパを押します。

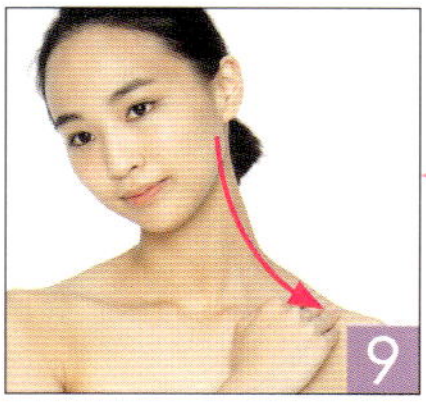

同じ動きで鎖骨の外側のリンパを押します。

左右5回

How to Care 2
脇部分のリンパをさすって老廃物を流す

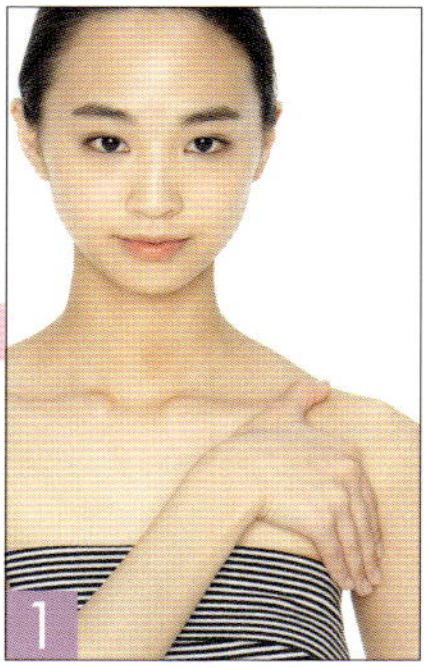

手を片側の脇のリンパに置きます。

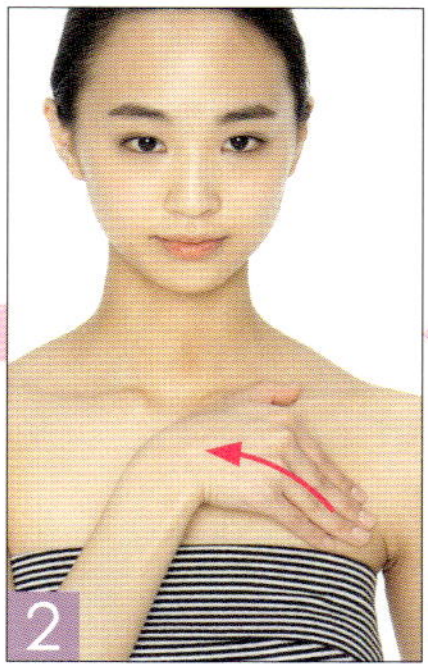

ゆっくりと引き上げるように動かします。

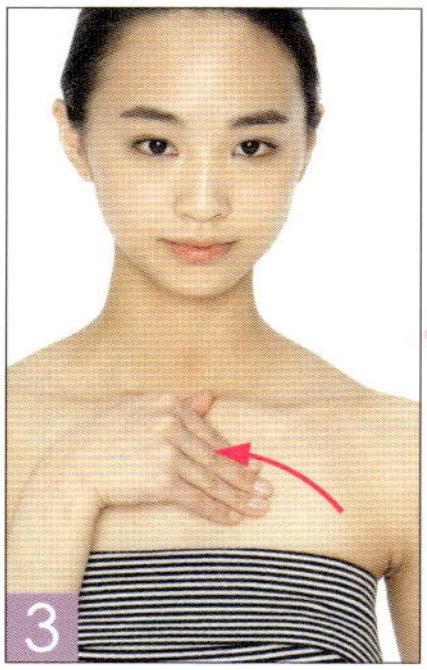

外側から内側に流すようにトリートメントします。

●反対側も同様に

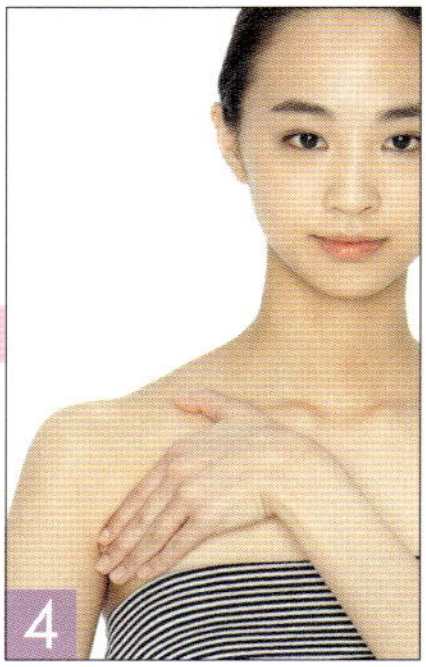

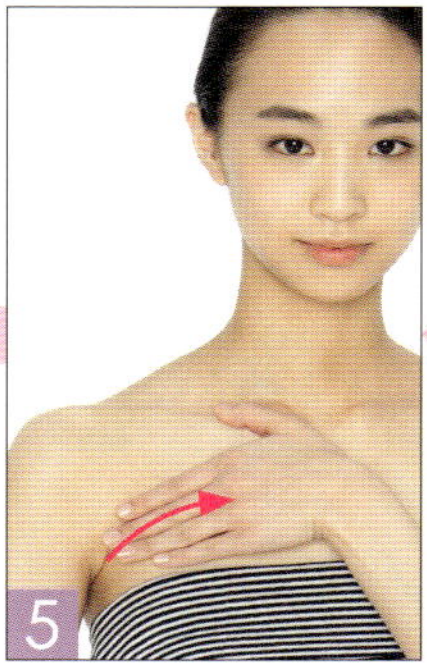

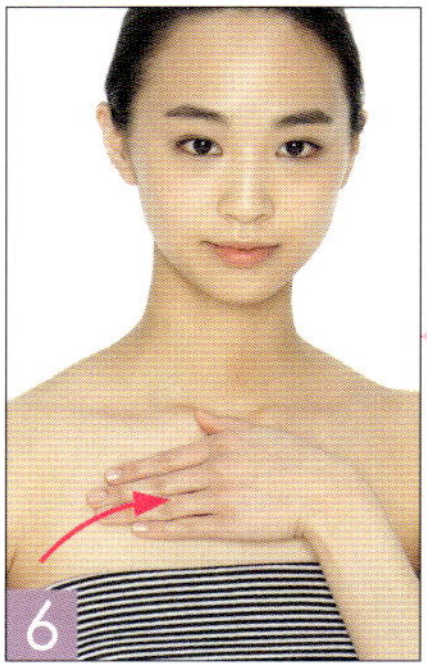

じんわり温めて血行をよくする

目元のくま

デリケートゾーンである目元。むやみに触ると逆にシワやくまの原因に。目元を優しく温めて、血行がよくなるトリートメントをするのがポイントです。

おすすめアイテム

エクセレンスC

5回

How to Care 1

目元を温めてまぶたをトリートメント

手はきちんと洗って清潔な状態で始めます。

息を吹きかけて手をこすり合わせて温めます。

手を目元全体を覆うようにそっと置きます。

手を横にずらしてまぶたを少し押さえます。

まぶた、目の下に手を置き滑らせます。

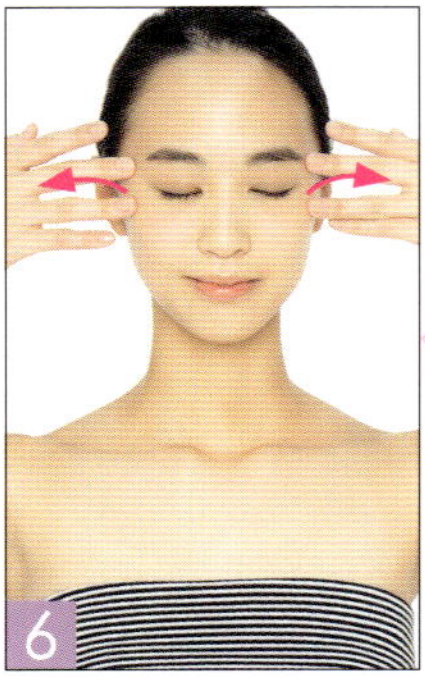

ゆっくり目の外側まで滑らせます。

5回

How to Care 2
目のまわりを優しくトリートメントする

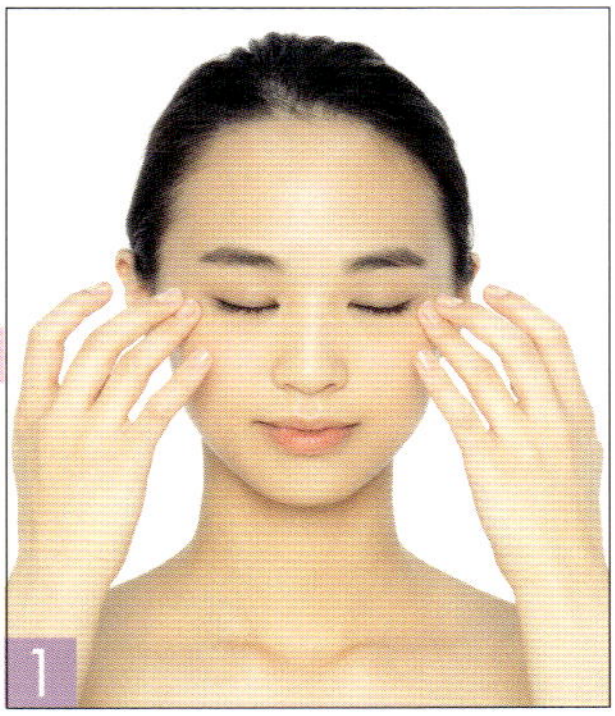

指の腹を目の下に置きます。

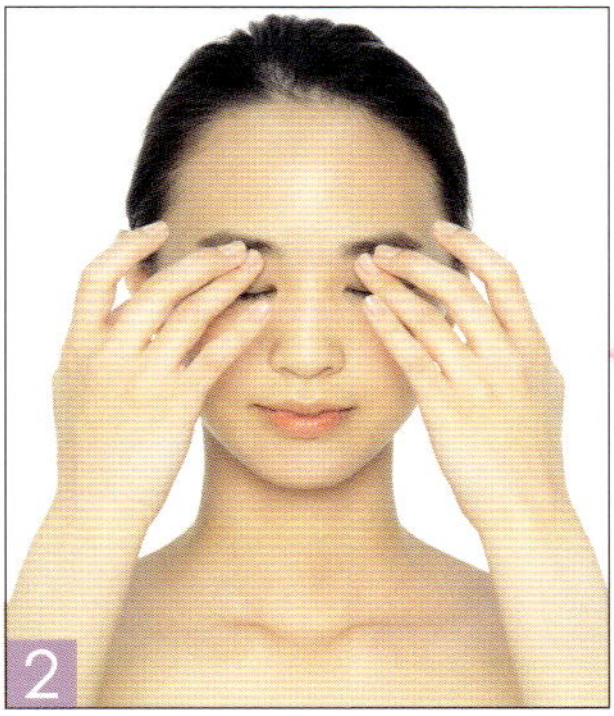

まぶたをリズミカルにタッチします。

さらに目の際にも指をあてます。

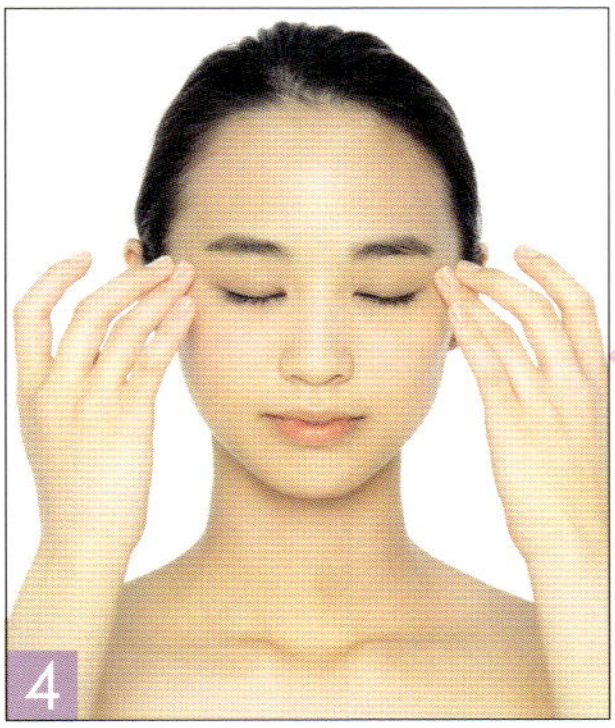

目のまわりを優しくタッチしていくのを繰り返します。

筋肉の萎縮を緩めるケアを

おでこのシワ

加齢や紫外線が原因に挙げられますが、生活習慣やストレス、
表情のくせでもシワは現れてしまいます。
おでこの筋肉の萎縮を緩めて、シワを浅くしましょう。

おすすめ
アイテム

リンクルアップ

5回

How to Care 1
シワ部分を優しくつまむ

片方の手を額にあてて、少し引っ張り上げます。

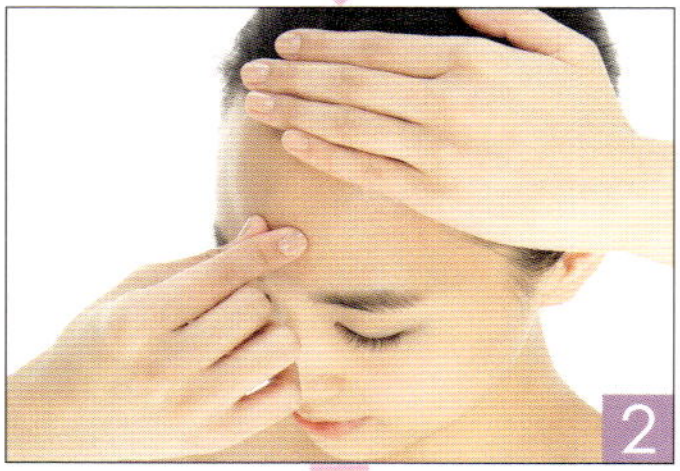

もう片方の手の親指と人差し指でシワの部分をつまみます。

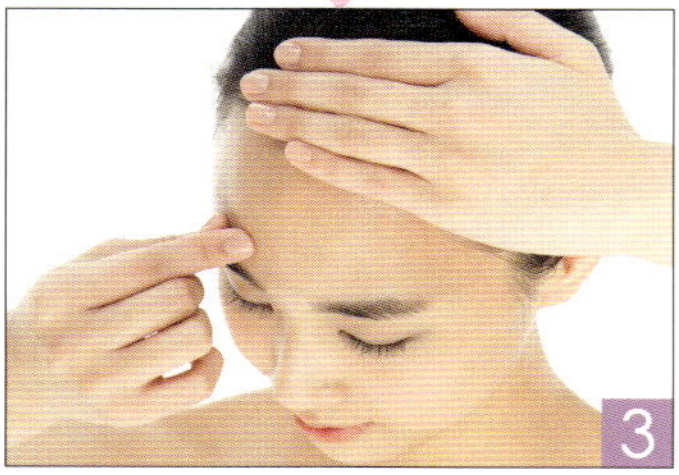

内側から外側に向かってきゅっとつまんでリズミカルに動かしていきます。

5回

How to Care 2
おでこ全体をなでて、血行をよくする

片方の手を額にあてて、少し引っ張り上げます。もう片方の手はシワ部分に軽く置きます。

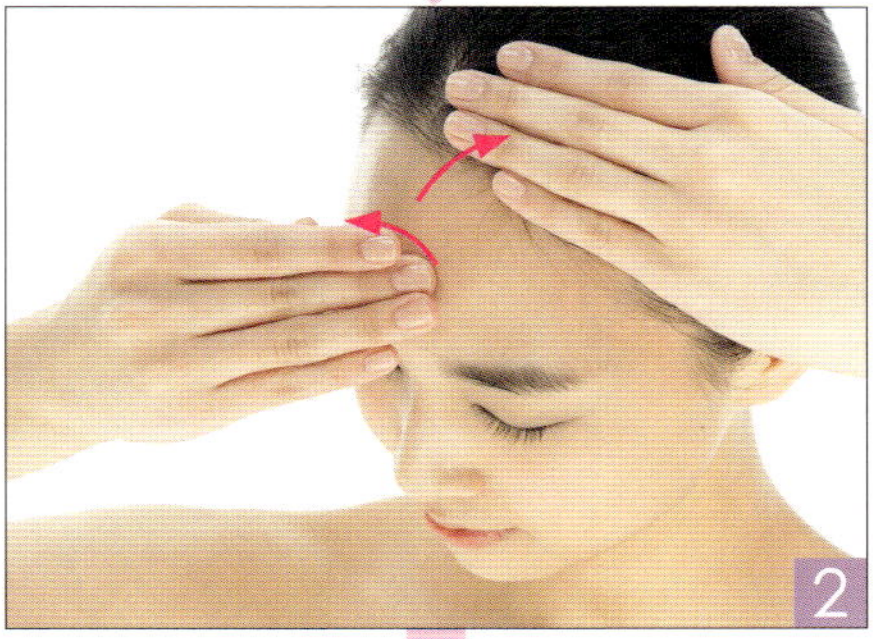

シワ部分を中指と薬指で優しく外側になでます。

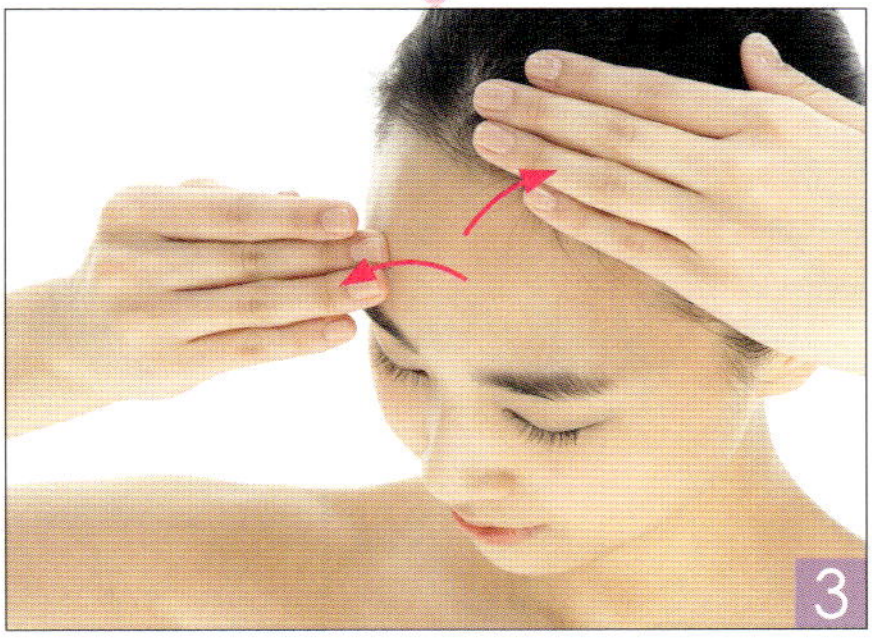

内側から外側に向けて優しくなでて、血行をよくします。

首のアーチを意識しつつケアを

首のシワ

首は特に年齢が出やすい部分です。顔より汗腺があるので潤いますが、皮膚が薄いため、たるみやすいのです。しっかり保湿を心がけて、首の血行をよくしましょう。

おすすめアイテム

リンクルアップ

1分

How to Care 1
シワ部分を優しくつまむ

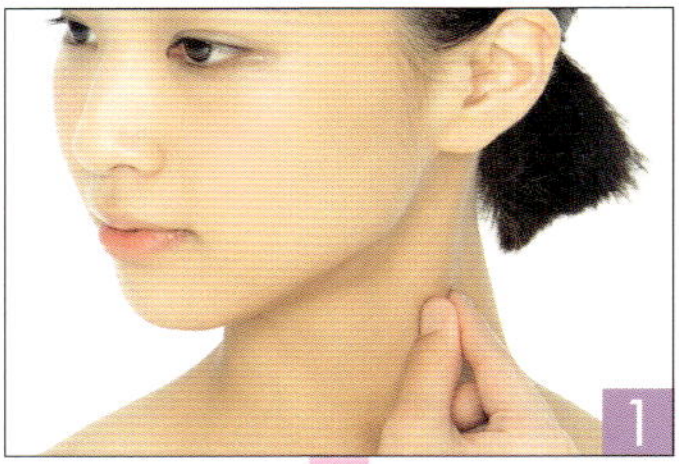

親指と人差し指を使ってシワをつまみます。

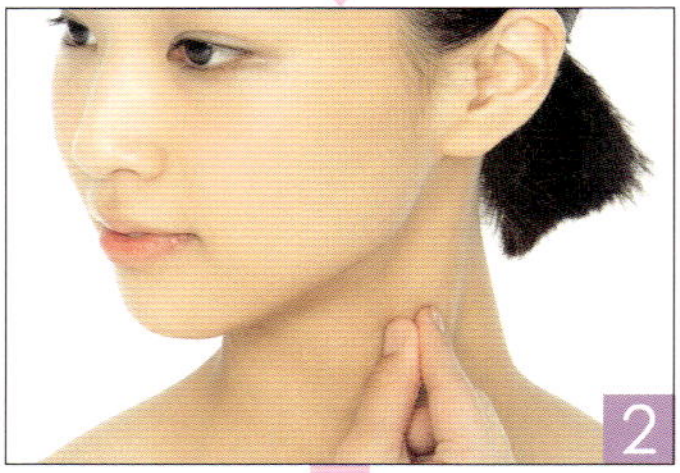

優しくリズミカルにシワをつまみます。

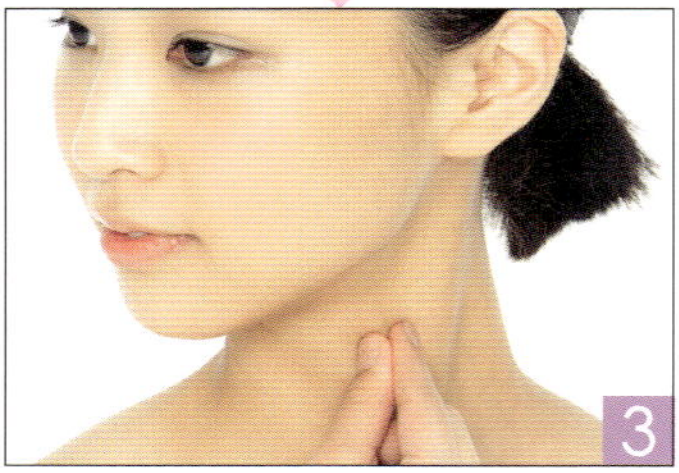

のどの中央部分は避けて、つまみましょう。

1分

How to Care 2
タッピングでシワをのばす

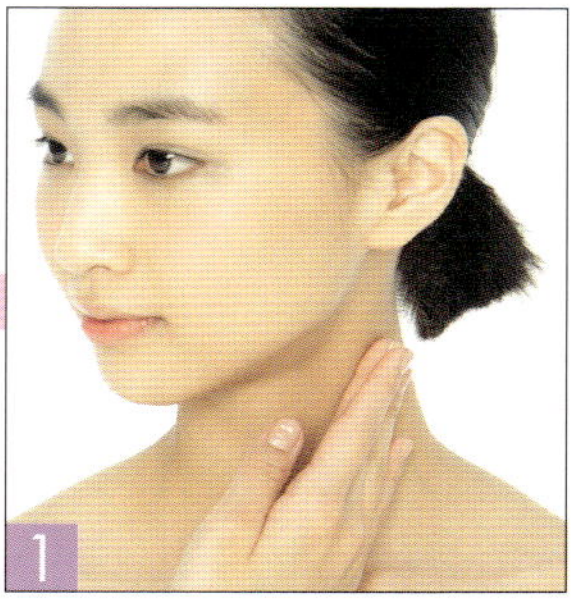

シワの部分に指を添えます。

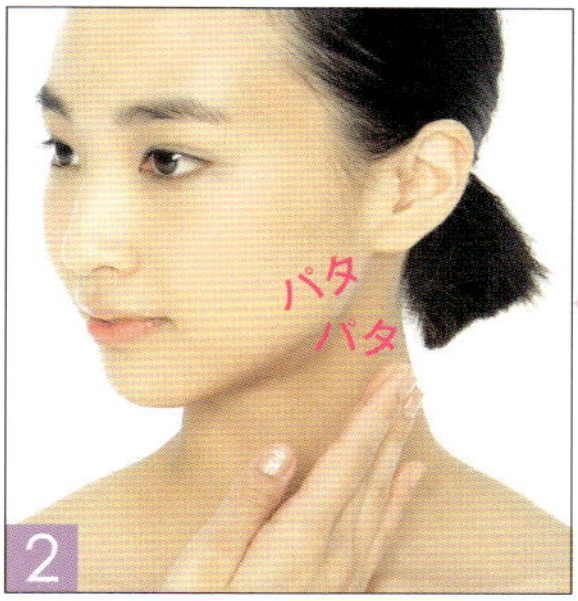

シワの部分を優しくたたきます。

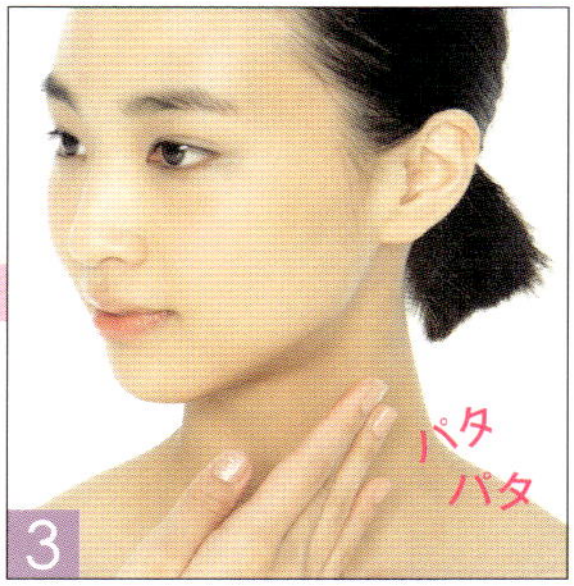

強くたたきすぎないように上下に動かします。

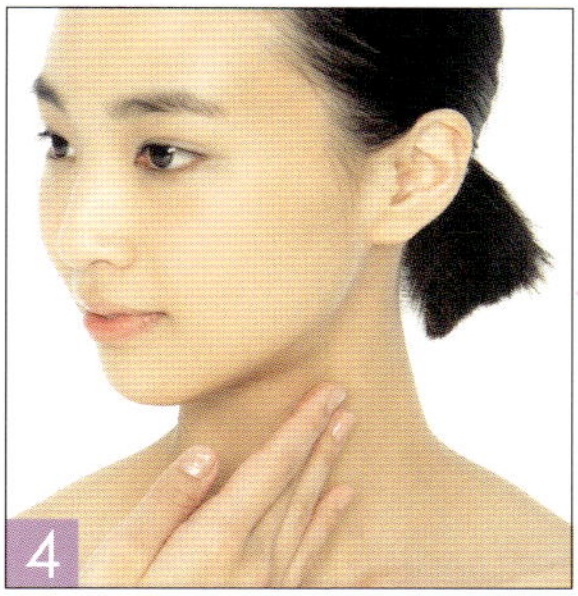

１分くらい繰り返してシワを軽く引きのばします。

＋αトリートメント

指先を使ってシワを引き上げるようにのばす

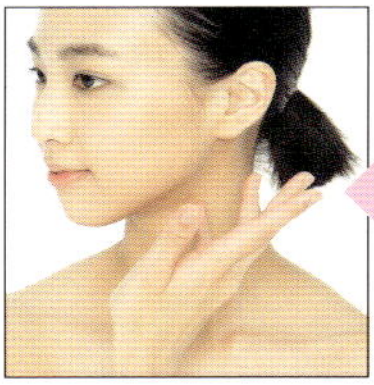

指先をシワの部分にあてて、フェイスラインに向かって上げるとたるみの解消に。

NG

のどの部分はたたかない

デリケートなのど部分は咳き込む原因になります。シワがあってもたたかないように。

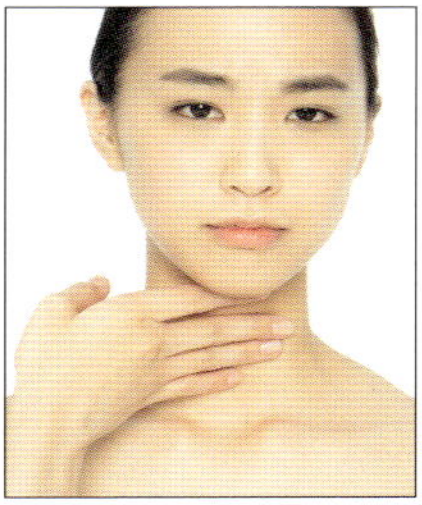

口や頬のまわりの筋肉を鍛える

マリオネットライン

唇の両脇から顎にのびる二本の線がマリオネットライン。
頬の皮膚や筋肉が衰えて脂肪と結びつき、たるんでいる状態です。
口や頬のまわりの筋肉を鍛えることが必要です。

おすすめアイテム

リンクルアップ

10回

How to Care 1
マリオネットラインをのばす

マリオネットラインの唇の近くに手をあてます。

ラインを持ち上げるように頬のほうに動かします。

マリオネットラインの顎の近くに手をあてます。

引き上げるように口元の上まで手を動かします。

10回

How to Care 2
舌を転がして口のまわりをストレッチ

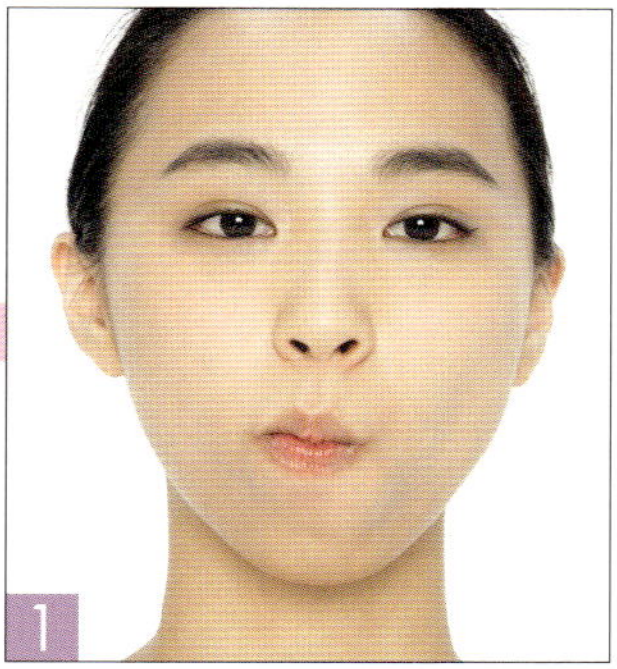
1
「う」の口の状態にしてシワを伸ばします。

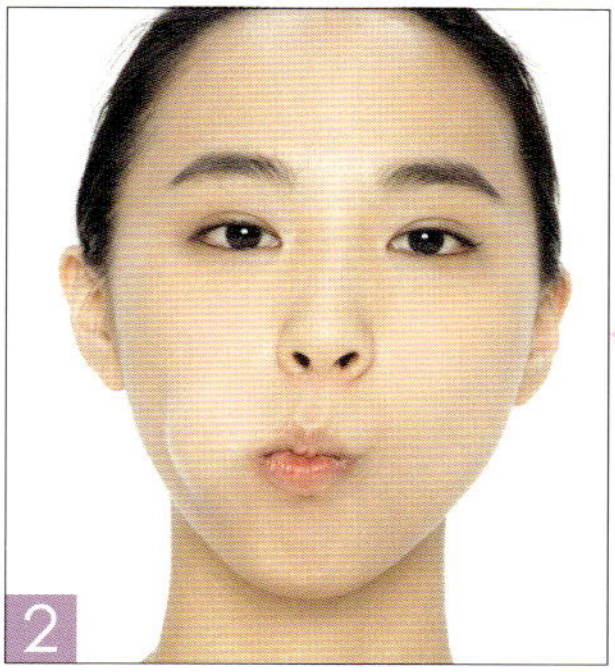
2
口の中で舌をゆっくり動かします。

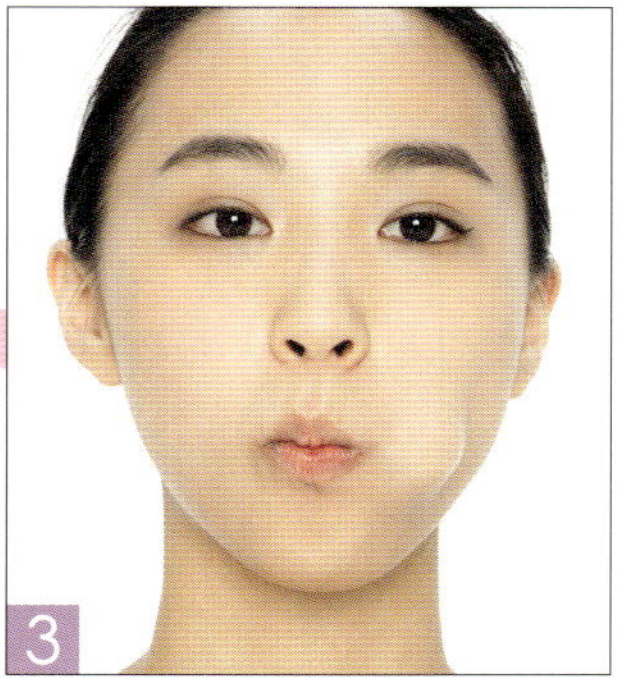
3
口の中を一周させます。口のまわりをストレッチ。

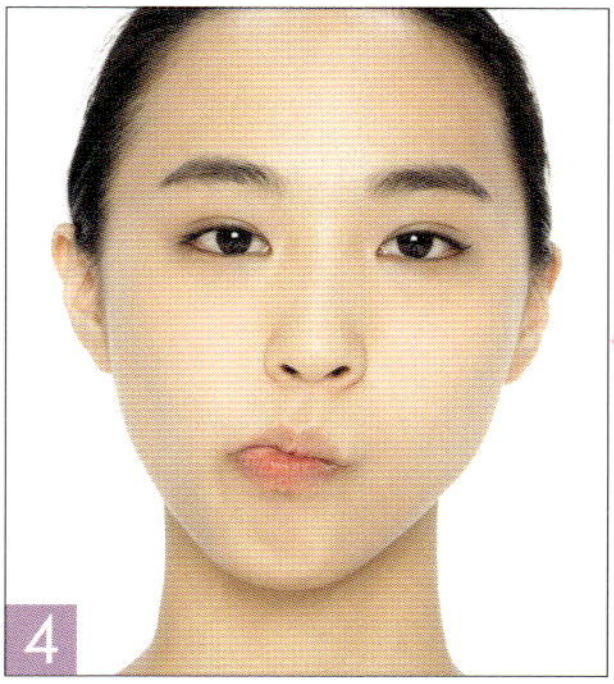
4
舌を動かすことで唾液が出て新陳代謝がよくなります。

Column 4

肌に合ったお手入れを

肌タイプ別　スキンケアアドバイス

肌は一人一人異なります。そもそも肌は、額や鼻など皮脂が多いＴゾーンと、頬や目元など皮脂が少ないＵゾーンに分かれていて、その状態によって主に乾燥肌、脂性肌、混合肌、ノーマル肌に診断されます。それぞれの肌タイプによってスキンケア方法が違うので、自分の肌がどんなタイプか見極めてからスキンケアをしましょう。

●乾燥肌

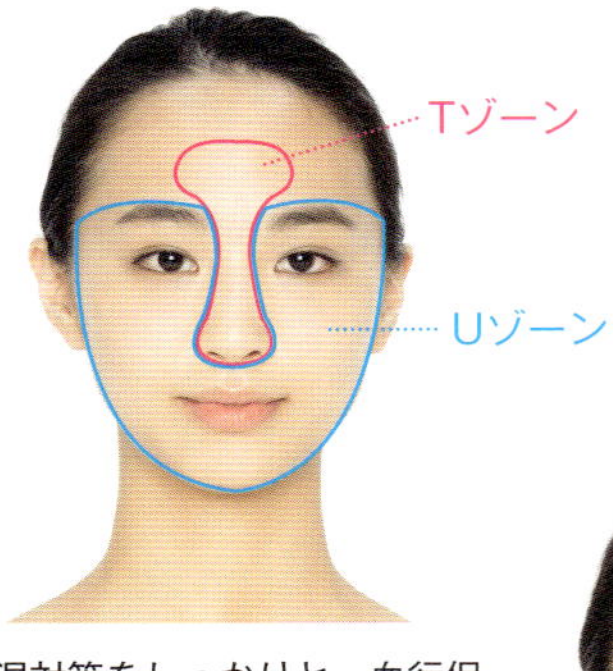

保湿対策をしっかりと。血行促進するトリートメントを取り入れて潤いと弾力をアップ。洗顔はぬるま湯や常温の水で汚れを流す感覚で。

●混合肌

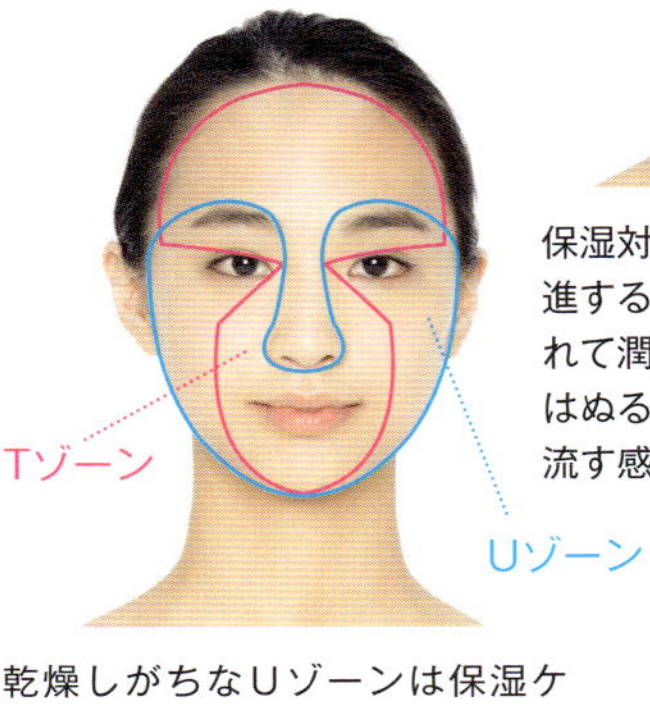

乾燥しがちなＵゾーンは保湿ケア、皮脂腺の活動が活発なＴゾーンは洗顔をしっかりと。それぞれの部位に合わせてスキンケアを。

●脂性肌

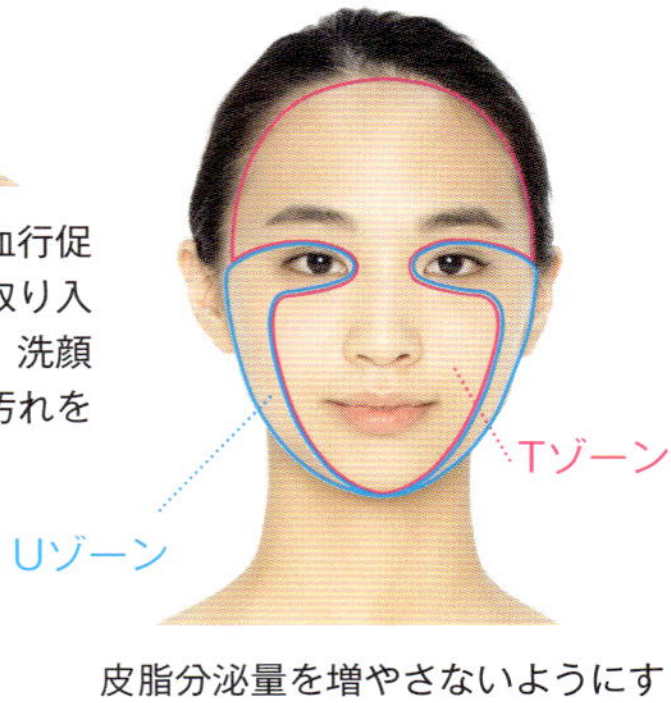

皮脂分泌量を増やさないようにすることがポイント。朝、夜の洗顔はしっかりめに。スキンケアする際は肌に油分を残さないように。

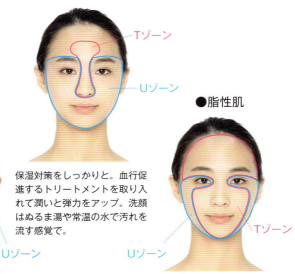

PART 5

専門サロンで
さらにキレイに！
健やかに！

専門サロンってどんなところ？

自分でアーチの崩れを調整したり、セルフケアを続けていても「やっぱり身体の調子がよくない」「肌のくすみがとれない…」などと感じるときは、専門のエステティックサロンで施術を受けてみるのも手です。エステティックサロン、と聞くとなんだか敷居が高いイメージもあるかと思いますが、ヘアサロンに行くのと同じ感覚で気軽に利用できるところも増えています。ボディや肌の悩みによって、プロがじっくりカウンセリングや施術をしてくれるので、その効果はセルフケアとはまた違ったものがあります。

美容カイロのサロンでは、専門の技術を取得した美容カイロエステティシャンがあなたのボディと肌を健康美に導いてくれたり、骨格のゆがみのチェックから調整、自分では取り切れない肌の汚れなどを取り除いてくれます。また、サロンにもよりますが、リラックスできる空間や優雅な気分になれるおもてなしで、心もリフレッシュできるのがサロン通いの楽しみの一つです。

通う頻度は人によって異なりますが、肌の場合、表皮の角質層が約28日サイクルで生まれ変わるので、月に一度フェイシャルエステで肌の汚れを取り除くのもいいでしょう。また、骨格のゆがみは、サロンの人と相談して調整のタイミングをスケジューリングしてもらうのがおすすめです。施術中の着替えなども用意されているところが多いので、サロン通いは基本手ぶらでOK。スキンケアの場合はメイクを落として行うので、必要ならばメイクアップ道具は持参するようにして。

美と健康のために、自分へのご褒美に……上手に専門サロンを利用してキレイになりましょう。

〈サロン例〉

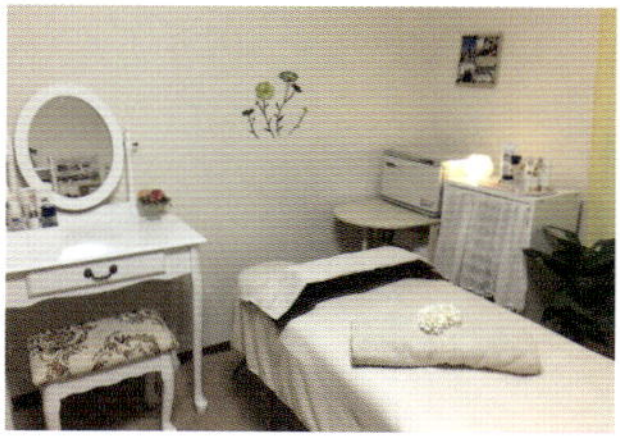

専門サロンでは どんなことをやってもらえるの？

美容カイロエステティックの専門サロンの特徴は、カイロプラクティックの施術で骨格の調整や姿勢を整えるのと、皮膚の表面や身体の内部（血流、リンパ）にアプローチしたエステティックの技術を融合して行っていることです。

サロンでは施術に入る前に必ずカウンセリングを行います。ボディや肌の悩みはもちろん、睡眠時間、食生活、生活習慣に至るまでチェックして、その人にいちばん合ったケアを決めていきます。普段から身体や肌で気になることがある人は、このときにどんどん質問してみましょう。カウンセリングにより、その人の現在の情報をつかんだら、いよいよ骨格のゆがみをチェックしていきます。自分ではなかなかわかりづらい骨盤のゆがみや悪い姿勢などを指摘してくれるのもうれしいところ。そこから施術で骨格のゆがみを調整し、気になるトラブル別に肌やボディのエステ施術を行うので、身体の中からも外からもケアができるのです。

また、美容カイロエステティックサロンのもう一つの特徴は、すべての施術が手技によるトリートメントなので癒しの効果が得られること。ゆったりリラックスした状態で至福の時間を過ごすことができるでしょう。さらにサロンで施術してそれで終わりではありません。施術してわかった情報をもとに自宅でできるエクササイズの指導、必要な栄養素や睡眠環境の重要さについての解説、化粧品の使い方などもアドバイスしてくれます。皮膚表面のスキンケアだけでなく、骨格からの肌へのアドバイスや骨格からの美しい体型をオールハンドのオンリーワンの技術でトータルケアをしてくれるのが専門サロンの大きな魅力なのです。

*****専門サロンでやってもらえること*****

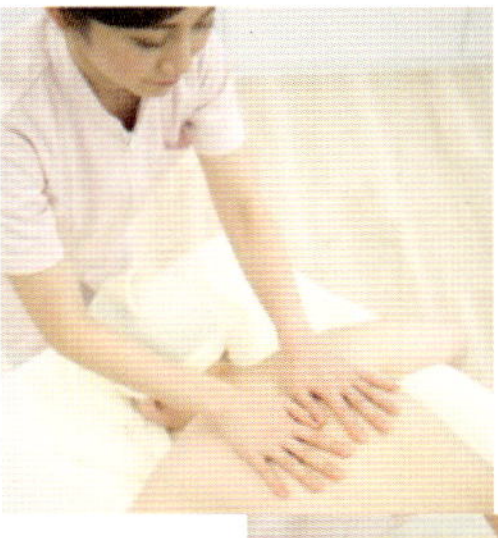

ボディケア

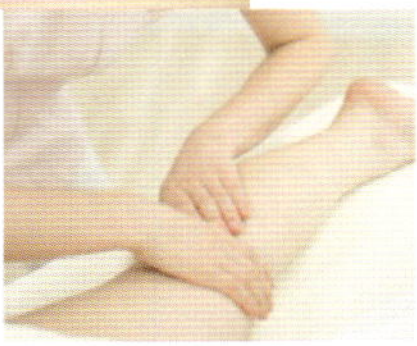

スキンケア

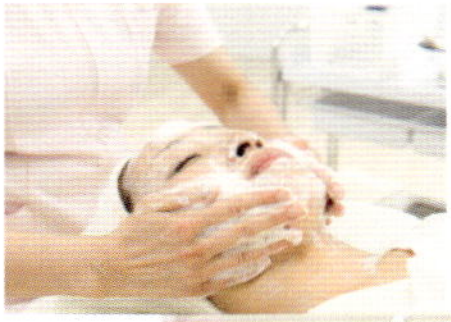

骨格の調整

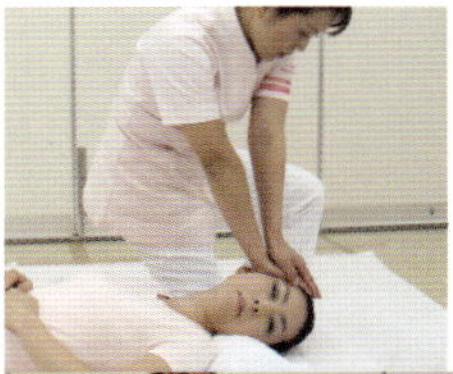

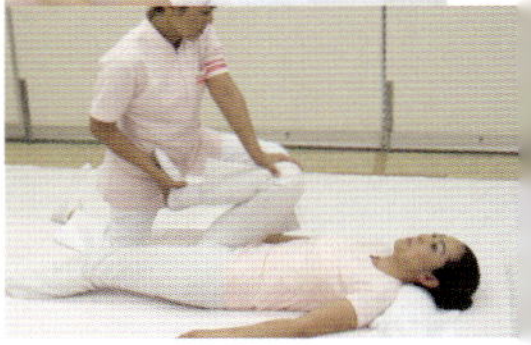

専門サロンに行った後のアフターケアは？

エステティックサロンに行った後はボディもお肌もつるつる、ふわふわ状態。そんないい状態をキープするためにも、普段からのお手入れや姿勢に気をつけたいものです。サロンで指導されたエクササイズや栄養バランス、肌にも大きな影響を及ぼす睡眠などの生活習慣の改善を続けると健康美に繋がります。また、サロンおすすめの肌質や悩みに合った化粧品を使ってみるのもいいでしょう。サロンには毎日通うことはできません。なので、普段からサロンでのアドバイスに基づいたケアをしたり、普段の生活習慣や食生活に気を配ることが重要になってきます。例えば、ダメージを受けた肌細胞が修復し再生されるという美肌のゴールデンタイム、夜10時頃から夜中2時頃の間に良質な睡眠をとるのも重要なことです。

　また、最近では湯船につからず、シャワーだけという人も多いようですが、日々の疲れをとるためにも入浴はおすすめ。食生活は、たんぱく質、ビタミン、ミネラル、脂質、糖質の5大栄養素をバランスよく摂ることが大切です。食物で補えないときはサプリメントを利用するのも手。また、適度な運動も大事です。運動が苦手な人は本書で紹介したように、姿勢に気をつけて立ったり歩いたりするだけでも、全然違うのでぜひトライを。

　どんなに気をつけていても、骨格はゆがみますし、肌のトラブルは起きてしまいます。大切なのは自分の身体の状態を把握して、専門サロンの施術や本書のエクササイズ、トリートメントを取り入れ、そのときに合ったケアを続けることです。

［普段の生活から気をつけたいこと］

Home care

- 自分でお手入れやエクササイズをやってみる
- サロンでアドバイスされたスキンケアを続ける
- 姿勢に気をつけて過ごす
- 食生活の偏りに気をつける
- しっかり睡眠をとるとともに、寝返りをうつことで骨盤のゆがみやアーチを整えていくこともポイントの一つ

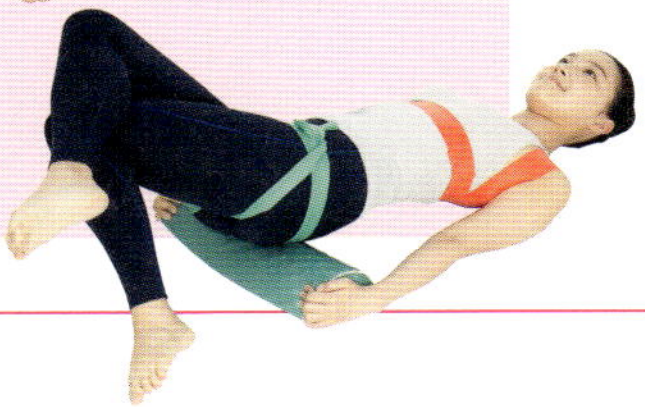

美容カイロの専門サロンで使用しているアイテムリスト

専門サロンの施術でも使用されている商品をご紹介。基礎化粧品からメイクアップ、ボディケアまで豊富にラインナップ。毎日のお手入れに取り入れてみては？

洗顔料

クレイの持つ吸着力、結合力により、
皮膚の汚れを深部から取り除きます。
保水性にも優れ、潤いのある清潔な素肌を保ちます。

クレイウォッシュフォーム
150m　4000円

フェイスクレイウォッシュ
160ｇ　5000円

保湿料

ノンオイル、ノンアルコールローションは
素肌に優しい使い心地。保湿成分たっぷりの
エッセンスも肌を外気から守ってくれます。

クレイスムースエッセンス
30ml　10000円

クレイスムースローション
100ml　5000円

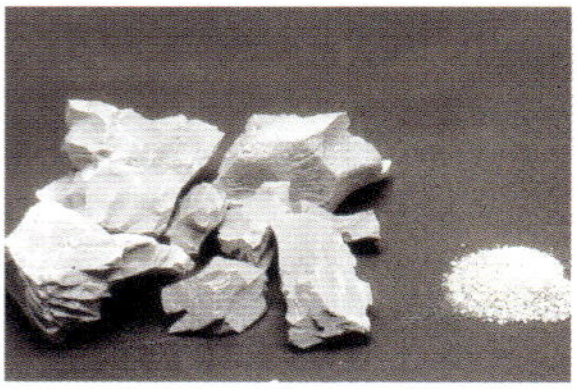

クレイ、モンモリロナイトが配合。
吸着力、保水力に優れています。

使ってよかった！ サロンに通ってよかった！ 体験者のクチコミ

美容カイロのサロン施術や
そこで使われている化粧品を
体験した人からのコメントをご紹介！

＊譲原句美子さん　51歳

クレイの化粧品を使うようになって、肌のくすみがかなりなくなり、肌が白くなった気がします。特に洗顔がとても気持ち良いです。

＊山田美智子さん　62歳

クレイスムースエッセンスはとってもしっとりして肌に溶け込む感じで、乾燥する季節は重宝します。肌に自信がもてる化粧品です。

＊本多麻里さん　36歳

10年使っています。お気に入りは洗顔です。肌荒れを感じたときでも入浴時に念入りに洗顔すると明るくツルツル肌になります。

＊加藤恵美子さん　55歳

エクセレンスCを使い始めて３本目。イチゴ鼻がコンプレックスでしたが、毛穴が詰まることがなくなり毎日楽しんで使っています。

＊井上諭美さん　33歳

施術を受けることによって体がどんどん変化し、心も体もすっきり過ごせる日が多くなりました。これからも通い続けたいと思います。

＊吉田利乃さん　23歳

体の右側が下がっていたようでした。サロンに行って調整していただき左右対称になり、肌も柔らかくなったように思います。

＊市毛永子さん　62歳

全体に垂れていた顔や彫りの深かったシワが美容液で顔を、２～３回撫でただけで上にあがり、フェイスラインもスッキリして引き締まりました。

保護クリーム

クレイモイストはクレイ（モンモリロナイト）などを配合した全身用マッサージクリームです。クレイクリームはナイトクリームとして使えます。

ミネラルクレイモイスト
150ml　5000円

ミネラルクレイクリーム
45ｇ　10000円

メイクアップ

有害な紫外線から肌を守り、軽いタッチなので
ベタつかず透明感のある仕上がりに。
季節、年齢、肌タイプを問わず使えます。

フレッシュカバー
コンパクト　ケースのみ
1500円

フレッシュカバー
コンパクト リフィル
12ｇ　各4500円

UV
SUNガード
35ｇ　5000円

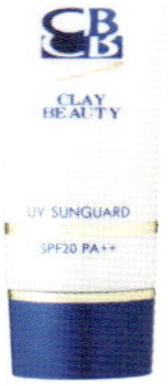

フレッシュカバー
メークアップ
20ml　5000円

スペシャルケア

天然クレイをベースに保湿成分を配合。肌が潤い、透明感のある素肌に導きます。
スペシャルケアにおすすめの商品です。

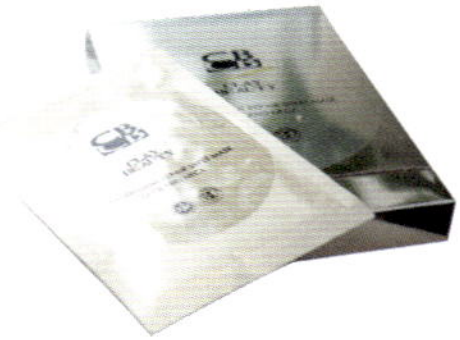

クレイ
トリートメントリペア
シートマスク
フェイス＆ネック
６枚入り 18000円

プラドゥーブル
30ml　12500円

ミネラルクレイ
クールパック
120g　6000円

ミネラルクレイ
モイスチャーパック
120g　6000円

ボディ＆ヘアケア・その他

クレイオールは汚れを吸着し、髪に潤いを与えてくれます。ボディクリームはクレイ成分とユーカリのほのかな香りで肌がしっとりなめらかに整うクリームです。

デンタルクレイは使用時に香るスペアミントのやや甘いノートでリフレッシュ。

クレイオール・L
600g　5000円

クレイオール・L
専用スポンジ
600円

ヘア
トリートメント
120g　3500円

ミネラルクレイ
ボディクリーム
180g　7000円

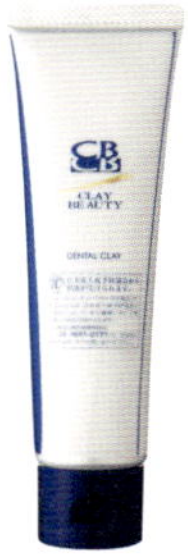

デンタルクレイ
２個セット
75g×２　6000円

使ってよかった！ サロンに通ってよかった！ 体験者のクチコミ

＊中岡正美さん　40代

クレイの化粧品を使うようになって４カ月経ちますが、顔全体にハリが出てきました。特に目の下のたるみが気にならなくなり、肌トラブルのかゆみや赤みが起きなくなりました。

＊鬼塚小百合さん　48歳

特に洗顔シリーズとエクセレンスCが好きです。美容カイロのサロンに出会って化粧品に悩まなくなり、お化粧するのが楽しいです。

＊石野ゆみさん　54歳

もともと超乾燥肌で更年期障害とも重なり、くすみが目立っていました。この化粧品を使うようになって、肌のトーンが明るくなり乾燥肌も改善に。もっと早く知っていれば！と思います。

＊寺脇まゆみさん　48歳

自分では良いと思ってケアしていたこともサロンの先生に指導をいただいて、ケアしていくとみるみる身体や肌が改善されていきました。化粧品もお気に入りです。

＊北崎豊子さん　64歳

メディカル セラムシリーズを使用して３カ月目ですが、気になっていたシミがどんどん薄くなってきて、目元のたるみも気にならなくなりました。鏡を見るのが毎日楽しみです。

＊藤田礼子さん　59歳

年齢的にもフェイスラインのたるみが気になって、美容カイロのサロンに通い始めました。小顔調整やケアですっきりフェイスラインになり友人からも「キレイ！」と褒められました！

メディカル セラム

浸透技術NASCAPを用いることにより、
肌の奥深くまで成分を浸透させます。
ハリ、保湿など用途別にラインナップ。

エクセレンスC
（美容液）
20ml　30000円

コラキューティス
（保湿ゲル）
50g　18500円

ホワイティスピュア
（美白保湿ゲル）
50g　23000円

リンクルアップ
（美容液）
20ml　29000円

バーニングセル
（保湿クリーム）
100g　15000円

※商品へのコメントはあくまでも個人の感想です。
施術や効能については個人差があります。
※美容カイロエステティックの各サロン、商品の詳細、取り扱い店は→https://hbi.jp/shop
※価格はすべて税別です。

おわりに

「美の三大アーチ」を整えればずっとキレイでいられる!って、どういう意味?　と興味を持ち、この本を手にとられた方は、いつまでもキレイを維持したいと、常にその方法を探し、研究し、もしかしたらすでに実行していらっしゃる、本当に美意識の高い方だと思います。あるいは、最近老けて見えるような気がするけれどどうすればよいのかわからない……と悩んでいる方かもしれません。いずれにしてもこの本を手にとっていただいてありがとうございます。

最近の日本は、科学、医学の著しい進歩により世界でも有数の長寿国となりました。高齢になっても、食、ファッション、レジャー、スポーツ……と人生を謳歌し、街を歩く人々はどんどん美しくなっています。

ですが、10年ごとに文化や医学、日常生活が一変していくようなスピード社会において、暮らしが便利になればなるほど、人は、運動不足や不規則な生活、慢性の睡眠不足、カロリー過多の傾向に陥り、またインターネットやスマートフォンの普及は、多くのストレートネックの人たちを増やしていく大きな要因となっています。結果として肥満、生活習慣病、鬱病、自律神経失調症といった症状に悩む人が増加する傾向も見られるのも現実です。

また、生活習慣の変化も子どもたちにも大きく影響を与え、和式のトイレに座れない、鉄棒の逆上がりができない、といった運動能力の低下も囁かれています。

健康で美しく見える人が増え、長寿大国を誇っていても、寿命を全うするまで心身ともに健康なままでいる人はそう多くない、ということも見逃せない事実なのです。

このような昨今の状況を鑑み、ホリスティックビューティインターナショナルは、カイロプラクティックの見解から、身体の土台である骨盤の変異（ズレ）が体型の崩れに繋がり、「美の三大アーチ」（首のアーチ、腰のアーチ、つちふまずのアーチ）を損ねることで、脳からの自律神経の伝達が乱れるため内臓や皮膚の不調を招き、体型の崩壊に繋がることに着目いたしました。

それが、カイロプラクティックのテクニックを美容的にとらえ、「美の三大アーチ」を作るテクニック、すなわち美容カイロエステティック（美容カイロ）のことです。皮膚の表面から内側にアプローチして健康へと導くエステティックとカイロプラクティックの融合により、美しい姿勢美を創造する美容カイロは、これからの時代にどの人にも必要とされるものだと確信しております。

今、こうして改めて書籍という形で美容カイロエステティックを紹介できることをうれしく思います。

おうちでも簡単に「美の三大アーチ」を作れるように、また、簡単にエステができるよう、優しくわかりやすく解説いたしました。「美の三大アーチ」を整えればずっとキレイでいられる、美しく年を重ねられる、が一番お伝えしたいキーワードです。

これからの人生を美しく健やかに過ごすために、楽しくケアしていきましょう。

２０１７年７月　ホリスティックビューティインターナショナルアカデミー

学院長　横山映子

●ホリスティックビューティインターナショナル

1989年、前身となる日本ナビルスが設立され、1990年、全国健康生活普及会（全健会）よりクレイビューティ化粧品を発売発表。2005年、HBI（ホリスティックビューティインターナショナル）事業部となる。アメリカ発のカイロプラクティックとエステティックを融合させた独自の「美容カイロエステティック」を提案。骨格と筋肉を整え、より美しい姿勢に整える美容カイロテクニックと、皮膚表面から身体の内部（血流、リンパ）にアプローチするエステティックの技術を融合させ、健康美を創造することを提唱している。

●全国健康生活普及会（全健会）

1977年、カイロプラクティックを普及させていく活動支援団体として設立。日本におけるカイロプラクター養成団体の草分けであり、手技による骨格矯正だけでなく、生活習慣の改善なども含めた総合指導を推奨し、多角的なアドバイスを行っている。現在、全健会会員の施術院は全国に約4000店舗にものぼる。

編集・制作　百田なつき
装丁＆本文デザイン　海野光世
撮影　藤澤由加
技術監修　Tomomi Ikawa, D.C.
イラスト　きくちりえ（softdesign）
ヘア＆メイク　タニジュンコ　千葉智子
モデル　赤坂由梨　三戸セリカ

おうちでできる美容《びよう》カイロエステティックで肌《はだ》もボディもランクアップ！
首《くび》　腰《こし》　つちふまず
「美《び》の三大《さんだい》アーチ」を整《ととの》えればずっとキレイでいられる！

2017年8月9日　第1刷発行
2023年9月12日　第6刷発行

編　著　ホリスティックビューティインターナショナル

監　修　全国健康生活普及会

発行者　樋口尚也

発行所　株式会社　集英社

〒101-8050
東京都千代田区一ツ橋2-5-10
電　話　編集部　☎03-3230-6141
読者係　☎03-3230-6080
販売部　☎03-3230-6393（書店専用）

印刷所　日本写真印刷コミュニケーションズ株式会社

製本所　株式会社ブックアート

Printed in Japan
ISBN978-4-08-781631-0　C0076